HEART
心|視野

HEART

心｜視野

HEART
心|視野

HEART
心|視野

最適な「人生のペース」が見つかる 捨てる時間術

聚焦時間管理法

FOCUS

若杉彰——著
葉廷昭——譯

只做最重要的事，活出最佳人生節奏

前言

首先，感謝各位拿起這本書閱讀。

請容我談一下自己的過去。

我的生活曾經只有工作，每天都過得非常忙碌。我一大早擠電車上班，八點十五分以前就到公司，晚上忙到十一點四十五分，再搭最後一班電車回家。現在回過頭來看，我當初的工作方式真是血汗到不行，但工作還蠻有成就感的，因此我認為忙碌也是無可奈何的事。

那時我是典型的「工作狂」，眼裡除了工作什麼都看不到。直到我大女兒快要三歲了，我才發現自己的問題。

那天是禮拜天，我本想到公司處理剩下的工作，妻子卻央求我帶女兒去公園玩。那是住家附近的公園，平時妻子都會帶女兒去那裡玩耍，一開始我不懂為何妻子要求我那麼做。不過，想到妻子從來沒有提出過這種要求，我只好陪著女兒一起去公園玩了。

那是我第一次「陪女兒出門玩」。我緊張地牽著女兒的小手，帶她走到公園。女兒跟我說她平常是怎麼跟媽媽玩的，例如兩人一起盪鞦韆、玩沙等等。可是，女兒的話中沒有一次提到我這個爸爸。

「我至今為止到底都在幹什麼啊……」

看著女兒天真玩耍的模樣，我才領悟自己為了工作，失去了跟家人相處的時間，還有陪伴女兒成長的機會。然而，失去的時間永遠找不回來了。我終於明白妻子要我帶女兒來玩的原因了，妻子希望我多花一點時間陪陪家人。

後來，我徹底改變分配時間的方式，替自己多留一些陪伴家人的時間。**我**

開始分清真正重要的時間，並且捨棄一切不必要的事物。我捨棄了多餘的一切，不再拼命追逐名利，也不勉強自己跟討厭的人相處。儘管放棄以往的工作、習慣、人際關係有一定的難度。尤其長年來一起工作的伙伴，大家都有很深厚的感情，跟他們分道揚鑣是很痛苦的事。不過，放棄那些煩心的交際應酬後，我的心情如釋重負，時間也能用在真正重要的事情上了。我逐步省去「多餘的時間消耗」，建立了堅實的經濟基礎，一週只要工作三天就能維持生計了。

現在，我在經營不動產公司之餘，還一邊當個 iPhone 攝影家，跟家人相處的時間我也非常珍惜。**與家人享受生活樂趣，按照自己的步調做自己想做的工作**，這才是我的幸福。

當然，每個人「認為重要的時間」和「喜歡的工作步調」都不相同。

你會如何運用你的自由時間？

有些人想拿來念書和運動，或是從事個人興趣、陪伴親朋好友、充實自己的技能等等。**我認為只有這種自由時間，才能豐富我們的人生**。本書會介紹我反覆琢磨出來的「**拒絕浪費的省時技巧**」，以及「**確保自我空間時間的方法**」。

所謂的省時，不是單純提升做事效率。你不必放棄自己喜歡的事情，就算那些事情在旁人眼中很沒有效率。你應該捨棄多餘的事物，讓自己有時間聚焦在興趣上。工作與私生活的充實，息息相關。

本書介紹的不是工作上最完美的時間分配，而是「**工作和私生活的全面優化**」，幫助各位掌握幸福人生的方法。我會各別講解工作、金錢、打掃、人際關係、夫妻關係、養兒育女的問題，**教導各位如何「聚焦時間」的技術**。

希望各位利用這本書，找到最合適的人生步調，不再被工作或其他人的步調影響。這對我來說也是無上的喜悅。

若杉彰

目次

第二章

沒意義的工作是浪費時間

第三章

多餘的人際關係是浪費時間

第四章

只會存錢是浪費時間

第五章

不經思考的購買是浪費時間

第六章

跟對方冷戰是浪費時間

第七章

期待孩子完成你的夢想是浪費時間

第一章

一味追求效率是浪費時間

觀念聚焦

1「還在準備」是最大的謊言

不要替自己找拖延的藉口

相信各位都有做事一拖再拖的經驗，而且不外乎是用「還在準備」、「還在計劃」來當藉口，一拖就拖了好幾年。

當我們面臨全新的挑戰，失敗的因素本來就會比成功的因素多。所以，我們習慣多做一點準備，延後行動的時間。然而，如果你對自己的拖延感到不耐，**那你只是在浪費時間**。

比方說，有些人想去健身房鍛鍊身體，卻遲遲沒有買好運動鞋，或是一直在猶豫該去哪間健身房才好。他們想挑選好用品和好健身房的心情，我可以理解。可是體育用品和健身房的好壞，沒有實際用過不會明白。體育用品不妨先用租的，健身房就挑住家或公司附近的健身房，先去參加體驗課程。挑一家往來方便的健身房，兩手空空去了再說，這樣做的好處是在降低自己健身的門檻。

換句話說，**你要即刻採取一些「能立刻行動的小事」**。

我二十歲就有心創業，但整整拖了七年才採取實際行動。也就是說，我花了七年「準備創業」。就在某一天，我一離開公司的加班地獄，就下定決心採取行動了。首先，我上網調查具體的創業方法，先從「能立刻行動的小事」做起。接下來，我的人生終於邁向全新的階段。我脫離了七年的準備期，決定在三個月後成立公司❶。我當時創立的公司，現在也邁入第九個年頭了。

先從自己辦得到的事情做起，同樣能從實務中學到很多道理。小事情做起來風險也不大，失敗的傷害也比較輕。你可以挑戰很多次，提升自己成功的機率。

---

❶在日本開設不動產公司有其限制，從申請許可到開始營業要花三個月。

觀念聚焦

2 不必太講究平衡

「集中」比較容易成功

俗話說「家庭和事業都要兼顧」，顧及平衡是很重要的事情。如果家庭不幸福，那麼事業再成功也不會開心。不過，很多人一味講究均衡，反而不敢去做自己真正想做的事，好比轉換跑道或自立門戶等等。有時候，**太講究平衡也是一種浪費時間的行為。**

不少人在面臨重要工作或大考的時候，會先放下其他雜務，專注在那一件事情上。例如在企劃結束前不跟朋友喝酒，或大考前不跟朋友出去玩。他們會刻意打破均衡的時間分配，專心處理重要的事情。大多數人採用這種做法，主要是想專注在工作或學業上，求得自己想要的成果。換句話說，**凡事講究平衡是無法成功的。**

要不要離職去實現夢想就是一個很好懂的例子，有些人擔心轉換跑道或自立門戶後，日子可能會過不下去。的確，生活上可能會有一些困難，有家庭的人想必會更不安。可是，人生就是一連串的取捨。你想兼顧事業和家庭，就得緊守著現在的工作不放。問題是，公司同樣有倒閉或裁員的風險。

相對的，你也可以考慮轉換跑道或自立門戶，勇於挑戰自己真正想做的事情。這樣你不必依賴現在的工作，也能掌握「事業和家庭兼顧」的謀生技巧。因此，你不能一直講究均衡，偶爾也要改用集中型的做事方法，才有時間去挑戰自己真正想做的事情。

總有一天，當你站在人生的岔路上時，就不必犧牲自己的夢想，糟蹋寶貴的人生了。

觀念聚焦

3 追求自我成就

普世的成功不代表幸福

我們都希望出人頭地，獲得別人的認同，享有優渥的收入。有些人從早到晚不停工作，努力追求這些社會上的成就；有人純粹是忙到沒時間休息；也有人是想盡快成功，才把所有時間都奉獻給工作。不過，社會上的成就純粹是「讓旁人羨慕的成就」，只顧追求這種成就無法得到幸福。**因為讓旁人羨慕的成就，不見得是你自己想要的成就。**

我當初剛創業的時候，希望公司營運盡快上軌道，所以盡可能減少跟朋友相處的時間，也幾乎沒有工作上的交際應酬。然而，我也沒有早點下班回家。我幾乎工作到電車停駛的時間，也沒有幫忙照顧剛出生的女兒。我心裡對妻子感到愧疚，但我相信家人會諒解我，每天都埋首於工作中。這樣的生活持續了三年左右。

有一天，妻子告訴我，「我知道你是為了家庭才努力工作，只是你也該抽點時間陪陪孩子。」我為了妻女努力賺錢養家，妻子想要的卻是家人共處的時間。我這才發現，自己完全不瞭解妻子的心情。我每天忙於工作，她們或許過得很富裕，但精神上卻得不到滿足。**當時我的心態是，錢賺得多生活自然就幸福，但我卻在努力的過程中，失去了跟家人相處的時間，混淆了自己的初衷。**

每個人需要的經濟能力不同

我也明白，經濟能力是不可或缺的。

我以前忙於工作的時候，也把「家人的生活」看得比「一家團圓的時間」更重要。可是，你沒必要成為億萬富翁，或是為了賺大錢提早退休。**我認為擁有足以讓全家人過上簡樸生活的收入就夠了。**

每個人都希望得到別人的認同，我也不例外。只是，過去那一段追逐功名利祿的日子真的很辛苦。其實我要的是充實的私人時間，好比多陪陪家人、多做些自己喜歡的事等等。結果我卻一直在追逐人人欣羨的成就。如果你想獲得真正的滿足，**那你該追求的是「自我成就」，而不是「社會成就」**。這樣你才不會被別人的標準影響。當你不再執著「社會成就」，你就會發現自己真正需要的成就不必很多。換言之，**時間、金錢、名聲夠用就好**。

領悟了這個道理，你就不會只顧工作不顧家人；也不會強迫自己做不喜歡的事，來獲得其他人的認同。

觀念聚焦

4 不要兜售你的時間

你只是把寶貴的人生賣給公司

很多人都不喜歡自己的工作，他們只是為了錢才屈就，但是沒錢日子也過不下去，為了生活工作，也理所當然。

不過，**從事「毫無成就感的工作」，只是把寶貴的人生賤賣給公司而已**。不可否認，有時候我們不得不為五斗米折腰，但一直賤賣自己的時間未免太可惜。況且，**薪水高的工作不表示就能得到成就感**。

我以前當過廚師，每天要工作十五小時，工作雖然勞累，我卻從不覺得無聊。低薪高工時確實對身體負擔很大，但我一直很有成就感，我甚至不認為自己是職責所在才留下來加班。

後來我跑去不動產公司，每天工作十二小時，薪水大約是廚師的兩倍。光看勞動時間和薪資比例，新的工作比當廚師要好得多。可是，在不動產公司加班，對我來說純粹是「賤賣時間」，毫無成就感可言。我留下來是因為上司還沒走，加班一點意義也沒有。

與其做討厭的工作不妨轉換跑道

我們有選擇工作的自由，放棄討厭的工作轉換跑道，這也是一種選擇。**勉強做自己不喜歡的工作，賤賣寶貴的人生，這根本是在浪費光陰。**

做有成就感的工作，能獲得金錢以外的東西。喜歡說話的人去接待客人或拉業務，在跟客人聊天時會感受到喜悅。做自己認為有成就感的工作，好比教導別人、扶弱濟貧、發揮創造力等等，都可以從工作中得到快樂。

不想賤賣自己的時間，轉換跑道也是一個有效的辦法。

我以前當上班族，也轉換過三次跑道。我挑選新工作的基準，就是找比較有成就感，條件又不會太差的工作。換句話說，最重要的永遠是成就感，再來才是薪水、工時、休假等條件。用這種方式挑選工作，你就不會為了錢賤賣自己的時間。

專注於有成就感的工作，就不會覺得浪費時間，人生才會煥然一新。

觀念聚焦

5 不要停留在失敗的情緒裡

重新振作絕不氣餒

在工作上失敗或栽跟頭，每個人都會感到失落。

不過，一直太在意過去的失敗，會影響到你的工作和私生活。比方說，你做錯事被主管責罵。被罵以後你要採取什麼樣的行動，這才是重點。一直計較過去的失敗，不專注於眼前的工作，你只會再次被罵，陷入惡性循環當中。回家後也一直思考自己在職場上的出包，根本沒辦法好好休息。

關鍵在於，**「失敗後」要盡早調適自己的心情。**

鼓勵自己從失敗中學到「教訓」

失敗以後請先稱讚自己吧。

各位可能很好奇，失敗有什麼好稱讚的？確實，一般人都以為失敗是壞事。可是，偏偏有些道理你要失敗後才會明白。從這個角度來看，失敗也是一種獲得全新體悟的過程。

比方說，上司把你罵得狗血淋頭時，你要稱讚自己學到了寶貴的一課，這樣你以後就不會犯下同樣的錯誤了。然後，請按摩自己的胸口，調整一下呼吸。請各位留意一個要點，稱讚自己時要找個沒人的地方，不要單純在心裡默念，要把讚美的話說出來讓自己聽到，**這是一種積極性的自我暗示手法，告訴自己確實獲得了新領悟，並且對此感覺良好**。接著，你會感受到不可思議的放鬆效果。

光聽我這樣講，各位也許會覺得這麼做很奇怪。不過，這個方法可以隨時隨地鼓勵你，重新提振你的心情，而且又不花半毛錢，請各位務必嘗試看看。

觀念聚焦

6 起床不必靠鬧鐘

賴床才是疲勞纏身的原因

相信很多人早上都有賴床的毛病。

有些鬧鐘有所謂的貪睡功能，可以讓你再瞇一下下。結果很多人睡到差點遲到才出門，根本無法消除前一天的疲勞。

我以前也是這種起床方式。但有天我發現，被鬧鐘叫醒後不斷賴床，不只對精神不好，對身體也有害處。因為腦袋沒有真正清醒，一大清早就很想睡覺，整天都昏昏沉沉的。況且，睡意會影響到工作效率，害你犯下不該犯的錯誤，增加自己的工作量。到頭來，還得留在公司加班，反而犧牲私人或陪伴家人的時間……。

我認為原因就出在貪睡功能上，於是我再也不使用鬧鐘了。

不必依賴鬧鐘的起床方法

方法也很簡單，**先默念你要在幾點起床，然後實際說出口，不斷地告訴自己就行了**。請各位務必嘗試看看，這個方法跟使用鬧鐘不同，不可能在整點的時候準時醒來。好比你想在五點醒來，可能你會在五點半醒來，或是四點四十五分醒來。

以我個人來說，當我希望七點以前醒來的時候，我在睡前會告訴自己要在六點清醒。通常我會在五點半到六點半的區間睡醒，還有多餘的時間做好工作準備，或是利用寧靜的早晨時間思考、看一點書之類的。

每天請確認一下自己要睡多久才會清醒，再配合當天的健康狀況調整睡眠時間，就很容易在指定的時間清醒。如此一來，你就不用一大早浪費時間對抗鬧鐘了。

觀念聚焦

7 書不必全看完

書不是拿來看完的

不少人都是先把書買來後堆在一旁，心裡想著要讀，卻沒有真正付出行動。大家都以為看書要從頭看到尾，其實已經知道的內容，或是不感興趣的東西，不必全部看完也沒關係。所以，遇到自己已經知道的內容，直接跳過也沒差。

普通人看完一本書只會記得兩成的內容，**刻意把整本書從頭到尾讀完只是在浪費時間。**

事實上，專注閱讀自己想知道的內容就好。首先，讀書前請先弄清楚，自己到底想從書中學到什麼東西？弄清楚以後再來翻目錄、前言、後記，跳著閱讀自己感興趣的部份即可，這樣就能花最短的時間獲取必要的資訊。

最好在閱讀之前自己決定一個時限，好比半小時要讀完一本，你會更專心吸收書中的內容。然後，讀到重點部份朗誦出來；或者用智慧型手機的語音輸入功能，記下書中的內容，就可以省下回頭翻閱的麻煩了。

商業書或實用書只讀必要的內容就好

「書不必全部看完」這句話也是有例外的，出於個人興趣或娛樂目的閱讀的小說、隨筆就應該看完。小說只讀結尾一點也不有趣，隨筆能讓我們接觸到作者的生平和思維，這跟單純的吸收資訊不一樣。

單純吸收資訊的閱讀才適用這個道理，好比讀商業書或實用書。用這種簡單的讀書方法，大概半小時就看得完一本商業書了。

各位閱讀本書時，也挑自己感興趣的部份閱讀就好。各位若能從中得到啟發，身為作者的我也無比欣慰。

觀念聚焦

8 沒壞就不必更新？

東西不是能用就不必換新

有些人不擅長用智慧型手機，寧可用舊式手機也不肯接受新科技。他們在公司外沒辦法看電子郵件，也不能用ＬＩＮＥ聯絡工作上的事項。我稱這樣的人為「老骨董」，各位是否也是「老骨董」呢？

我本來也是一個「老骨董」，對電子器材或ＩＴ產品十分生疏。我認為沒有那些新玩意也不會不方便，所以東西一直用到壞才買新的。直到三、四年前，我使用的多功能事務機壞掉了，才開始調查該買哪一種型號。

過去我是用區網連接電腦和事務機，現在都直接用 Wi-Fi 傳輸資訊了，我發現家電量販店裡，果然有一大堆無線傳輸功能的產品。那時候我才知道，自己以前的作業方式有多沒效率，人不能永遠當個老骨董。**有新的器材或ＩＴ產品，都應該盡可能去瞭解才對。**用習慣以後，新東西絕對比較方便有效率。

新技術有助於開拓眼界

有人認為學習新技術是在浪費時間，過去我也有同感，我覺得舊東西就夠用了。不過，**這個世界變得越來越方便，瞭解新技術帶來的便利性，也會更新你看待世界的觀點。**

例如，當你想從東京趕往大阪，絕對不會騎自行車對吧？多數人會搭飛機或新幹線，因為我們知道那些交通工具比較快。不知道飛機和新幹線的人，可能真的會騎自行車，畢竟騎自行車還是比走路快。雖然我們都知道，自行車再快也快不過飛機和新幹線，只有鄉下土包子才會以為自行車很快。

食古不化的人也有類似的缺點，**不瞭解新技術的便利性，就會成為一個落伍的人，在無形中浪費寶貴的時間。**

話雖如此，我也不是要各位一味追求最新的機器或產品。重點是定期檢討自己常用的工具，搜尋一下有沒有出現更方便的產品，或是閱讀相關的資訊雜誌，找出對工作和生活更有幫助的軟硬體。這種行為就像在審核家計開銷一樣，我們平常也會檢視家中有無多餘開銷，思考如何省下更多的錢，讓自己的生活更方便，對吧？

當我們已經瞭解新技術的方便，再來判斷到底要不要用，這樣就不會浪費多餘的時間，也不會後悔自己沒有早點發現好用的東西了。

觀念聚焦

9 不要過度追求效率

過度追求效率的缺點

很多人認為生活已經非常忙碌了，最好不要再做一些沒效率的事情。不過，這種只顧追求效率的生活方式，還是趁早放棄比較好。

我知道有的讀者會想，教人家時間管理的書籍，寫這種內容不是自相矛盾嗎？不可諱言，**提升工作和家事的效率很重要**。可是，把人生所有的時間用來追求效率，是一件很可惜的事。

整天只顧著追求效率，你的行動模式會變得很單調。通勤永遠走最近的路線，吃飯永遠吃便宜又大碗的店，讀書也只讀商業書籍。**如此一來，你吸收到的永遠是**

相同的訊息，無法獲得全新的體驗，你會讓自己的世界越活越狹隘。

從沒效率的事情裡獲得新發現

我以前也只顧追求效率，自從我四處旅遊拍照以後，才發現**沒效率的時間中隱藏著全新的體驗**。比方說，走平時沒走過的道路，一定會迷路或繞遠路。明明知道最近的路程，卻故意走不一樣的路，是很沒效率的事。可是，不同的道路有不一樣的刺激，你可能會找到新的咖啡廳、新的公園、新的捷徑。

做一些平常沒做過的事，你才能慢慢拓寬自己的眼界。明明是「沒效率」和「浪費時間」的事，但若你品嚐過這種快樂，就不會一味追求效率了。

第二章

沒意義的工作
是浪費時間

工作聚焦

1 擺脫加班的生活

加班討生活反而犧牲生活

很多人為了討好老闆，迎合職場的加班文化，所以不得不留下來加班。可是，現在加班文化已經沒有以前嚴重了，有些人反而私下抱怨，沒有加班費的補貼，生活過得很辛苦。

當然，沒有人喜歡加班討生活，畢竟他們放棄了陪伴家人朋友的時間，只為了賺取生活費。換句話說，**他們是犧牲自己的生活來賺錢**，建議各位最好不要這樣做。

話雖如此，很多人認為討生活是無可奈何的事。想方設法賺錢當然不是壞事，只是賺錢的方法，將決定你的生活品質。

如何擺脫加班賺錢的生活

不想靠加班討生活的方法有兩個，**一是降低生活成本，二是跳槽到薪資更優渥的公司，讓自己光靠薪水就能過活，而不必依賴加班費。**

重新檢討「固定開銷」是降低生活成本的有效方法，好比找便宜的手機或電信網路合約、放棄那些不常去的健身房或才藝課程、搬到房租比較便宜的地方等等。重新檢討固定開銷，持續節約生活成本，比節省伙食費或水電費簡單許多。

做到以上地步還必須加班的人，乾脆趁這個機會轉換跑道吧。我以前就從餐飲業跳槽到不動產業，年收提升了一倍左右。只是改變工作竟然薪水差這麼多，也讓我很訝異。

不用加班就能過日子的話，沒有人會想加班。不必為了生活加班，就不會犧牲自己的生活來賺錢。這樣一來，你就可以悠閒陪伴家人、跟朋友度過美好時光，也可以擁有自己的時間，去做喜歡的事情了。

2 不要太常改變工作模式

改變工作模式會降低集中力

儘管每個上班族的職業不一樣，但大體上來說主要分為兩種工作領域：一是提出企劃案或設計案這一類的「勞心工作」，二是輸入資料或製作報告這一類的「勞力工作」。如果同時處理不同領域的工作，往往必須花比較大的心力來轉換專注模式。

「勞心工作」通常需要我們全神貫注的處理。最怕的是處理到一半，上司又交代「勞力工作」，這時候你又不能說自己在忙著勞心，只好勉為其難改去做勞力。

問題是，一下子要切換成另一種專注模式並不容易，**轉換工作領域等於切換專**

注模式，這也需要花一點時間。尤其勞心和勞力兩者耗費的心力不同，轉換注意力又更花時間。太常改變工作領域，集中力將無以為繼，也會降低你的工作效率。

無可避免的，有時候上司會突然交辦其他業務，你也不可能完全控制工作內容。不過，謹記這個要點，盡量集中處理性質相似的工作，就不用太常轉換專注模式了。

上午勞心，下午勞力

以我個人的經驗來說，**一大清早比較沒有突發性的工作，我會趁早處理好當天的「勞心工作」**。下午突發性的工作比較多，如果有「勞心工作」，我會挪到隔天上午處理，下午就用來處理「勞力工作」，然後傍晚開始處理雜務，結束一天的工作。

如此一來，一天只需要轉換一次專注模式，不必浪費多餘的時間轉換集中力。工作效率會大幅提升，也不用浪費自己的時間留下來加班。

工作聚焦

3 放棄自己不擅長的工作

聚焦在擅長的工作上

有時候上司或同事會拜託我們處理不擅長的工作，大部份人遇到這樣的情況，都會勉為其難地接受，畢竟工作是沒辦法挑三揀四的。我以前當上班族也一樣，但後來我體悟到**「不擅長的工作」最好不要隨便接下來**。

以前我在不動產業服務時，很不擅長電腦製圖作業。其他同事做好五、六張圖面了，我才好不容易完成一張，速度明顯比其他人慢。我本身也很討厭那份工作，製圖對我來說是一大精神折磨。然而，上司還是一直叫我製圖，理由是不動產職員不能只會拉客戶。

後來同事看不下去，幫我處理製圖的工作，好讓我可以專心拉客戶。那個同事比較擅長電腦製圖，而我剛好相反，我們就交換工作互補不足。最後，我有更多的時間去拉客戶，同事也能專注在電腦製圖的工作上，公司的營收也蒸蒸日上。

換句話說，**放棄「不擅長的工作」，讓自己聚焦在「擅長的工作」上，才容易有好的成果**。也許有些單位不允許員工這麼做。可是，有辦法提升公司的業績和效率，上司應該也喜聞樂見才對，各位不妨提議看看。

不過，在對上司和前輩提議之前，你「擅長的工作」必須有一定的成果，否則你的建議沒有說服力。切記，不要隨便接下「不擅長的工作」，你才有時間處理「擅長的工作」。

組織的強項在於多元化的人才，萬一你在自己的崗位上，碰到許多「不擅長的工作」，不妨跟擅長的同事交換一部份的工作內容，好比請對方吃飯，拜託對方跟你交換。用這種方式逐步減少「不擅長的工作」，工作效率就會提升許多，心情上也比較輕鬆。

4 時時檢討常識和習慣

用一點簡單的巧思節省時間

職場上常見到拘泥常識和習慣的上司和前輩，好比沿用過往的做事方法、遵循業界的潛規則等等，逼得我們也不得不因循舊習。相信各位都有類似的經驗才對。不過，**將這些「常識／習慣」照單全收，很有可能是浪費時間。**

我以前在餐廳工作，主廚有一個不肯退讓的堅持，他一定要向商家打聽進貨狀況和推薦的食材，再來決定今天要煮什麼菜色。問題是，這種直接用電話下單的方式，經常有聽錯數字的情況發生，例如把數字一不小心聽成數字七，於是就會演變成雙方各執一詞的爭論。有時庫存太多又得花時間調理保存，平白增加工作量。

後來，我都先跟商家打聽進貨狀況和推薦食材，再製作簡易的訂貨單。主廚在訂貨單寫下精確的訂貨數量後，我再把訂貨單傳真給商家就萬無一失了。這個簡單的巧思，徹底終結了訂貨失誤造成的磨擦。

反過來說，上司和前輩可能也看不慣某些常識和習慣。只因為他們的上司和前輩也有一套堅持，所以沒效率的方法莫名被傳承下來，就跟玩傳話遊戲一樣，傳到最後都失去了原意。

主動思考，自我反省

凡事多動腦，才不會被「常識」和「習慣」束縛。當然也不必一味否定常識和習慣，**而是要反問自己，這些規則是否真有必要？有沒有更好的方法？**

多動腦思考，你會發現很多常識和習慣其實落伍又沒效率。同時，你也可以向大家提出改善方案。只要你懂得檢討常識和習慣，就算旁人不願意聽從你的建議，你的心裡也不會累積太多的壓力。

工作聚焦

5 不要認為「非你不可」

自己來沒有比較快

有些人習慣攬下一大堆工作，他們認為自己來比較快，而且做得會比別人好。可是，這樣反而是給其他人添麻煩，因為其他人無法處理他們的工作，交接上也容易出問題。況且，凡事都要自己來，就得犧牲自己休息和陪伴家人的時間。**刻意把「別人也能處理的工作」攬下來，其實是在浪費時間。**

過去我當上班族也有同樣的毛病，自己一下就能處理好的工作，我懶得教別人怎麼做，所以大部份事情我都自己來。不過，很多工作只有我會做，萬一我生病或受傷請假，誰有辦法接下我的工作？一個真正有責任感的人，應該要考慮到這層問題才對。

「能託付給別人的工作」要盡量交代出去，培養一個接班人以備不時之需，這才是對大家都好的作法。別人可以處理你的工作，你才有時間好好休息，去做一些自己喜歡的事情或陪伴家人。

建立分派、指導、託付的循環

因此，已經熟悉的工作要盡快分派給其他人去做。一開始分派工作給其他人，肯定會讓自己更忙，畢竟你要處理平日業務，還要花時間教導別人。這時候，你會猶豫是否自己來比較快。然而，你要有耐心繼續培養接班對象，**把「能託付給別人的工作」放下，你才能專心處理非你不可的工作。**

然後，等你又熟悉了一項新工作，你要持續分派出去，指導其他人怎麼處理，託付給他們去做。這樣你就不會攬下一大堆工作，給其他人添麻煩。你和你的同事，也能省下更多工作時間。

工作聚焦

6 行程不要排太滿

行程從容才能節省時間

有些人習慣把自己搞得很忙碌，安排一大堆行程，偏偏這種人工作能力都不怎樣。我以前也有同樣的毛病。二十七歲那一年，我既沒有資金也沒有遠大的志向，就傻傻地開了一間不動產公司，不多賺一點日子根本過不下去。所以，我總是把行程排得很滿，想盡量多接一些工作。不過，只要其中一個行程延宕，其他的行程就全亂了套。

為了趕上下一個行程，我經常要花大錢搭計程車趕場，沒辦法搭便宜的電車。如果趕得上還算運氣好，趕不上就是得罪客戶。現在回想起來，那時候我的行程排得太滿了。我只是想多做一點工作，來麻痺自己缺錢的不安。然而，太過忙碌反而顧不了工作品質。我的精力都用來趕場，無法專注於眼前的業務，工作也一直不太順利。

「行程排太滿」害我浪費了時間和金錢，甚至失去客戶的信賴。

缺乏時間上的寬裕，容易遇到一點小事就會大發雷霆，也會花費不必要的金錢，這根本是替自己找麻煩的行為。因此，排太多行程塞滿自己的時間，本身就是一種浪費時間。

將時間和精力聚焦在「重要工作」上

我知道有些讀者擔心，如果行事太從容工作會處理不完。沒錯，每一項工作都要做的話，當然處理不完，但不是所有工作你都得做完。

分清楚真正重要的工作，你才不會過得太匆忙。先挑出重要的工作，再一件件斟酌處理，也就是減少整體的工作量，把時間和精力聚焦在真正重要的工作上。

所以，如果某些工作別人做得比我好，我自己做了也得不到太大的成果，那我就盡量交給別人去做。省下的那些時間和精力，我會用來處理自己擅長和喜歡的工作。也就是集中在比較有成效、對客戶也更有貢獻的工作上，而且行程不排太滿，就沒有浪費時間的問題。

用這種方式保有時間上的寬裕，你才有時間去做喜歡的事情，多陪伴自己的家人，保持從容自在的心情。情緒穩定才能溫柔待人，而溫柔的人充滿魅力，也容易得到其他人的幫助，讓自己的工作更加順利。

工作聚焦

7 通勤時間無用論

通勤時間難以有效利用

當一個上班族，除了工作時間以外，還有所謂的通勤時間。對各位來說，通勤算不算在浪費時間？

我以前當上班族的時候，會在客滿的電車上學習各種證照的考試內容，因此我認為通勤並非浪費時間。不過，後來一位自由工作者點醒了我，他說在家中或咖啡廳念書，絕對比在電車裡念更有成效。那時候我才明白，在電車上念書確實成效不彰，我只是自以為有善用零碎時間。

通勤絕對是在浪費時間，**不必花時間通勤，就不用一大早承受擠電車的壓力，**

也不會被塞車的狀況氣得半死。

現在有電腦和網路可用，能處理的工作就更多了。最近有越來越多公司採用遠端工作模式，員工不必實際到公司，在自己家裡或共用工作空間上班就行了。建議各位跟公司或主管交涉看看，能否採用遠端工作的方式上班。有些主管願意讓員工運用這一套制度，值得各位一試。萬一交涉失敗了，找一個有遠端工作的公司也是減少通勤時間的方法。

減少通勤時間提高生產力

然而，有些職業無法採用遠端工作的方式。這種情況下，各位還是得浪費通勤時間到公司上班的話，**搬到公司附近是有效的方法。**

例如，本來住家到公司有一個小時的路程，搬到只有十分鐘路程的地方，每天來回就能省下一百分鐘。一個禮拜上班五天，就等於省下五百分鐘，一年上班五十個禮拜，就省下兩萬五千分鐘，相當於約四百一十七小時。換言之，一年省下的勞動時間有五十二天（以每天工作八小時計算。單程省下三十分鐘，每年也可省下三十一天）。不過，若是要在市區找到跟郊區一樣品質的房子，租金勢必會上漲，這時候就得重新規劃生活水平了。

以一個不動產經營者的立場來說，**在六月、八月、十一月比較容易找到好房子**❷。這三個月沒有學生在找房子，企業也不會有人事異動，算是不動產業的淡季，比較容易談到好價碼或其他優惠，例如降低管理費或租金、減少押金、免費住幾個月等等。

徹底消除通勤時間，就不用一早忍受擠電車的煩悶情緒，也不會被擠在塞車的車陣中，平白浪費自己的時間。把多出來的時間和精力集中在工作上，有提升生產力的效果，對公司也有極大的貢獻。

---

❷ 指日本而言。

8 不要只想著工作

只有工作的人生太無趣

只能整天埋首於工作中的你，是不是因為沒有其他想做的事情？

我剛創業沒幾年的時候，滿腦子只想著賺錢。除了工作以外，我不曉得自己有什麼其他想做的事情，只好專注在眼前的工作上。後來我發現再這樣下去，自己的眼界會越來越窄，開始盡量安排一些閒暇時間，好比上健身房運動、參加研討會或讀書會、到咖啡廳看書等等。從咖啡廳回家的路上，我習慣在公園或河邊拍攝風景照，並且上傳到ＩＧ上面。現在我已經是個 iPhone 自由攝影師，還召開過個展。

因此我建議各位，**就算你不知道除了工作還能做什麼，還是要為自己安排一些**

閒暇時間。

安排不工作的時間

整天只顧著工作，你只會接觸到工作的相關訊息，無法用不一樣的角度看待工作，激發出嶄新的構想。長此以往，你的工作品質會下滑，能力也難有寸進，最後變成一個鼠目寸光又枯燥乏味的人。

話雖如此，你也不必強迫自己利用空閒去做什麼大事。先安排一段不工作的時間，好好休息或去做喜歡的事情，讓疲乏的身心獲得休養，找回最自然的自己。這時候，在你心中埋藏已久的青春活力，就會指引你去做一些令你怦然心動的事情了，也許是彈吉他，也許是去旅行等。

多看看工作以外的世界，充實自己的內心，反而能得到對工作有益的知識與經驗，看待事物的觀點也會截然不同。

9 專注力要省著用

專注力有其極限

白天工作太疲勞，午飯又吃得太飽，會害我們下午精神不濟，沒辦法專心工作。以我個人來說，在下午處理「勞心工作」很難專注，效率也不怎麼好。例如思考企劃案或安排事業策略，就屬此類。下午動腦容易犯錯，還得做多餘的彌補工作，因此我建議下午最好不要從事「勞心工作」。

那麼何時動腦比較有效率呢？我們都知道應該在上午動腦。**上午人的專注力特別好，工作速度快的人，都會利用上午處理麻煩的工作，或是需要勞心的工作。**

畢竟人的專注力有限，如何掌控專注力才是重點。

聚焦同一模式

重要工作光靠上午當然做不完，這時候你要懂得安排先後順序。早上開始工作以後，人的專注力會隨著時間經過漸漸流失，所以最花腦力的工作要排在一大早處理。再來處理難度次一級的工作，像這樣配合專注力改變工作內容才有效率。以我來說，上午就專門處理勞心的工作，好比寫文章或思考事業策略等等，下午就處理文件製作或輸入資料這類的單純作業。

單純的作業有調劑身心的作用，處理完單純作業以後，你的專注力也恢復得差不多了，可以繼續處理動腦的工作。

請用這種方式感受自己的變化，妥善控管專注力。如此一來，就不會發生專注力下滑，導致工作成效不彰的問題了。

工作聚焦

10 郵件和ＬＩＮＥ不必馬上回

「馬上回覆」才是壓力之源

很多人一收到郵件或ＬＩＮＥ，就會停下手邊的工作馬上回覆。注意力被打斷以後，少說要花兩、三分鐘來回想剛才的工作內容。就算回頭處理手邊的工作，也會分心偷看收信匣，然後一有訊息馬上回信。回完信以後，剛才傳送的ＬＩＮＥ又收到了回覆……。像這種忙著處理回信的狀況，可謂屢見不鮮。

大家會有種誤解，以為能幹的人會馬上回信，事實上很多商業書也是這樣寫，於是這種觀念也逐漸根深柢固。我也曾經這麼做，但**馬上回信反而拉低我的工作效率。**

為了回信，我必須中斷手邊的工作，就好像有人命令我馬上停下來回信一樣，逼得我無法專注在工作上。也許有點難想像，回個信而已怎麼可能會喪失專注力？但我個人確實受到影響，也承受很大的壓力。

想通這個道理後，我就不馬上回信了，但需要盡快回覆的訊息除外。我的意思是，**不必急急忙忙趕著回覆訊息**。如果真的有急事，對方也會直接打電話，而不是用郵件或LINE聯絡。

半小時內回信就好

其實郵件和LINE，按照自己的步調回覆就好。以我個人來說，**我會按照工作的內容，在半小時到兩小時內回覆一次**，其餘的時間我絕不觀看信箱或LINE。

我還會關掉電子郵件的收件通知，連LINE的訊息通知也不開。所以除非我自己開起來看，否則我的專注力不會被意外的來信打斷。說穿了，五分鐘回覆跟兩小時回覆沒有什麼差別。不過有一些情況例外，例如某些分秒必爭的工作，就有必要馬上回覆，從事這種工作的人，用電子訊息即時溝通本身就是一項重要的工作。

可是，對大部份商業人士來說，電子郵件和ＬＩＮＥ這種聯絡工具，以不影響個人的時間安排和方便性為主，因此沒必要為了馬上回覆對方的訊息，打斷自己正在專心處理的工作。

第三章

多餘的人際關係
是浪費時間

關係聚焦

1 不好意思的拒絕，更要拒絕

別為不想參加的聚會浪費時間

有時候我們不想參加酒會，卻又不好意思拒絕，一想到要參加這種聚會，心情就很沉重。

為了到底要不要參加沒興趣的酒會而煩惱，真的是在浪費時間。

我以前也認為拒絕人家的邀約，是很過意不去的事情，所以幾乎都會參加。不過，從我決定參加的那一刻起，就擺脫不了鬱悶的心情，浪費的不只是時間，還有我的金錢和精力。**拒絕別人的邀約雖然很麻煩，但總比參加自己沒興趣的酒會要好多了。**

不敢拒絕邀約的最大原因，主要是擔心別人再也不邀自己，或是害怕被討厭。可是，請各位仔細思考一下，**假如你根本不想跟對方一起喝酒，被那種人討厭或冷落也沒什麼大不了的吧**。

萬一你真的因拒絕邀約而得罪對方，就當是「節省時間所付出的代價」好了。況且，對方以後再也不邀請你喝酒的話，這更是最理想的發展。拒絕邀約就會瓦解的關係，也不值得留戀。

當一個不參加聚會的人

有些人不好意思拒絕每天見面的同事。然而，多拒絕幾次，久而久之大家就知道你是不參加酒會的人，也就不會一直邀你了。

或者你可以明示自己的基本方針，除了歡迎會、歡送會、尾牙以外都不參加。反正工作成果拿得出手，人家也拿你沒轍。不參加酒會就會倒大楣的公司，更是不值得你待下去。

對於不想參加的邀約，請有禮貌地拒絕，不要害怕被對方討厭。這樣你就不用浪費時間想一堆有的沒的，心情反而比較輕鬆。你可以省下時間、金錢、精力，順便替自己消除心中的一大煩惱。

關係聚焦

2 把社群網路當路上廣告看板

脫離社群網路帶來的痛苦

光看社群網路上的貼文，好像大家都過得非常充實。感覺他們每天都在吃喝玩樂，好朋友好玩伴也一大堆，三不五時就去海外旅遊……。看到那種多采多姿的文章，有些人可能會妄自菲薄，覺得自己的生活相比之下顯得很糟糕。

七、八年前的我就是那樣。那時候我剛自立門戶，工作和心理狀態都不穩定，也沒心情祝賀別人的幸福和成功。看到別人開心的生活貼文就很痛苦，最後我乾脆不用社群網路，連手機上相關ＡＰＰ都刪除，不然我真的受不了。

如果你跟我一樣，看到社群網路上的文章就很痛苦，那我建議你**從今天開始，**

不要再使用社群網路了。

要不要用社群網路是自己決定的，你不會一大早起床就看到新文章，一定是手機有安裝相關的ＡＰＰ，或是自己登入社群網路才看得到追蹤對象。既然看了很痛苦，那就乾脆別看了。

把社群網路當成聯絡的工具

你可能會覺得，其他朋友都有使用社群網路，所以自己不得不使用，才能與大家保持聯繫。的確，現代人工作也是靠社群溝通交流，我們也很難完全刪除相關的ＡＰＰ，或是註銷自己的帳號。如果是這種情況，請把社群網路當成聯絡工具就好。**平常不要刻意去看社群網路，只要偶爾留意有沒有人聯絡你，至於通知新貼文的功能一律關閉，不要再被社群網路上的文章影響了。**

你不會一天看家裡的信箱好幾次吧？大部份的人都是早上和傍晚看一次，裡面除了傳單也沒什麼重要的東西。使用社群網路也一樣，偶爾看一下就夠了。

如果你是看到即時動態上都是別人多采多姿的生活內容，心情很容易受影響的人，遇到這種情況，請封鎖特定人物的貼文吧。

社群的貼文都是「打廣告」

事實上，別人發在社群網路上的訊息，多半是在替自己打廣告。那些發文說自己生活有多精彩的人，也不可能每天都在吃喝玩樂，說不定他們在家無所事事的時間也很多。換句話說，他們刻意隱藏平凡無奇的一面，**只把想要炫耀的部份放在社群網路上，彰顯自己有多了不起**。因此，這種炫耀生活的貼文就越來越多。

各位看到那種貼文，真的沒必要妄自菲薄，羨慕別人過得有多好。反正那都是廣告，當做沒看到就行了。你看到電視、報紙、網站、動畫上的廣告，也不會太認真計較對吧？社群網路上的貼文也比照辦理就好。

看到那種貼文就難過的人，就不要再看社群網路了。與其浪費時間看那些東西，不如把時間拿來提升自我。

關係聚焦

3 生活比較不完

「誰比較幸福」根本沒意義

大家都知道互相比較沒有意義，但明知如此，我們還是會忍不住跟別人比。「同事有車有房，感覺過得很幸福，我啥都沒有真是不幸。」、「那些貴婦整天去時髦的高級餐廳，我還要打工貼補家用真是不幸。」或是看到身旁的同事或朋友過得比自己好，難免會覺得羨慕，我也很明白這種感受。

不過，**跟別人比較生活水平，你其實無法真正知道誰是真的幸福。**

有車有房的人究竟幸不幸福，這只有當事人自己知道。搞不好對方背了一大堆貸款，壓力大到沒辦法處理好家庭關係，雖然有自己的房子，卻覺得待在家裡是很痛苦的一件事。反之，有些人乍看之下很不幸，也許他們只求一家和樂，不介意住在老舊狹小的房子裡，當事人自己卻覺得很幸福。

換句話說，比較生活水平是比不出幸福的。應該說，比較這種看不見的東西，本身就是不合理的事。所以，**跟別人比較後妄自菲薄或自鳴得意，都是在浪費時間。**

以自己的基準來思考何謂幸福

跟別人比較，永遠是以別人的標準為依據，因此才會無所適從。我們應該將目光重新拉回自己身上，重點是以自己的標準，思考到底什麼才是真正的幸福。**事實上，「追求適合自己」的生活水平就夠了。**

買房算是最淺顯易懂的例子。現在還是很多人認為，買得起房子才算是獨當一面的社會人士，而且新房子一定比中古屋要好，獨棟又比公寓更好。除了這些社會既定觀念以外，幾乎沒人能用清晰的邏輯，說出更好的理由。

我的同輩好友多半也是購買全新的公寓或獨棟房，而我跟妻子商量過以後，認為買老房子也沒關係，只要室內維持得不錯就好，因此我們買了中古的公寓並翻新。我的朋友把買新房子視為理所當然，因此他們對我的決定非常訝異，但這樣的房子對我們一家卻是剛剛好。

中古的房子比較能自行規劃理想的空間安排，翻修起來也更方便。況且，中古屋的價格相對便宜，也不用背太多貸款。與其買新房，不如買便宜一點的中古屋，多出來的錢還能帶全家人去旅行。

追求適合自己的人生，就不會浪費時間跟別人比較，然後妄自菲薄了。

關係聚焦

4 和能量吸血鬼保持距離

別跟能量吸血鬼講話或碰面

有些人你光是跟他見面聊天，明明沒做什麼就覺得又累又沉重。這種人跟吸血鬼一樣，會吸乾別人的能量，國外對此有個稱呼是「**能量吸血鬼**」。

能量吸血鬼有幾個共通點，他們都喜歡抱怨或炫耀，不然就是有說謊的習慣；他們的心情一直都不太好，動不動就說自己身體有毛病。如果你認識這種人，別懷疑，那就是能量吸血鬼。

能量吸血鬼一碰到別人，就會不斷吸收別人的能量。當你發現身旁有人是能量吸血鬼，最好離他遠一點，跟這種人說話很累。**跟能量吸血鬼相處，我認為是在浪**

費時間。

每次我提到這個話題，溫柔的讀者都會說，其實那些人也未必是壞人。能量吸血鬼的確沒有惡意，他們只是生性寂寞，需要找個人聆聽自己說話，尋求一點認同感而已。不過，即使對方沒有惡意，也不代表你要浪費自己的時間，去聽他長篇大論的抱怨或炫耀。當然每個人想法不一樣，你要是不介意花點時間那也無所謂。可是，我絕不想在能量吸血鬼身上浪費時間。

保持距離即可相安無事

可能有些人身旁的親朋好友正好就是能量吸血鬼，就算想要躲開也有困難。同事、同學、鄰居、親戚之中若有能量吸血鬼，的確也很難馬上遠離對方，除非搬家換工作，或是乾脆跟親戚斷絕來往，但做到這種地步似乎又太過了。

我的建議是，跟身旁的能量吸血鬼保持距離就行了。這就好比開車保持行車距離一樣，保持一定的距離就不容易發生意外。如果對方跟你抱怨或炫耀，你就保持距離敷衍一下就好。千萬不要展現你的同理心，更不用溫言慰勞對方，或是稱讚對方勞苦功高。除了在心靈上保持距離，最好物理上也保持距離。**簡單說，就是盡可能不碰面不交談。**

實不相瞞，我之前在職場也碰到煩人的能量吸血鬼。本來我們每週碰面兩、三次，後來我改成每個月碰面一、兩次後，壓力減輕了很多。換句話說，**降低見面的次數，進行最低限度的溝通，就可以很有效地減輕自己的壓力**。如此一來，能量吸血鬼就會去找別人抱怨或炫耀了。

說穿了，能量吸血鬼只是想找人聽自己抱怨或炫耀而已，對象是誰根本無所謂。請小心不要被能量吸血鬼逮到，離他們遠一點，你就不會傷神又浪費時間了。

5 放棄負面的人際關係

一點也不開心的老交情

有些人你跟他在一起曾經很開心，現在卻完全沒這種感覺。如今，見面聊天都不自在，也不太敢說出自己的真心話。

或者是我們跟朋友或戀人交往，明明已經不太想跟對方在一起了，還是念及舊情，繼續維持這一段關係。如果是商場上的交際應酬，至少還能衡量利弊得失，判斷這段關係對工作有沒有幫助，但有點交情的關係反而很難說斷就斷。

我知道很多人不喜歡用利弊得失來衡量私底下的人際關係。不過，把私人時間花在沒有建設性的交際上，是一件非常浪費的事。**判斷的關鍵在於，其實你可以想**

想跟對方在一起，通常是產生正面情緒還是負面情緒。

用利弊得失來衡量人際關係

閒暇時間其實很有限，這段珍貴的時間要跟誰在一起，是相當重要的問題。

你要跟有趣的人在一起，還是跟無聊的人在一起？

你要跟自在隨和的人在一起，還是跟難相處的人在一起？

你要跟可以推心置腹的人在一起，還是跟無法暢所欲言的人在一起？

說句嚴厲一點的話，這些人際關係會影響你的人生色調。

如果你跟某個人在一起，感到開心自在，而且能夠暢所欲言，那麼這種人際關係會產生喜悅、安心、信賴等正面情感。反之，你要是跟某個人在一起，只感到無趣、不自在、無法暢所欲言，這種人際關係只會產生憂鬱、不安、煩悶等負面情感。為了自己好，這種負面關係最好斷光光。

遠離憂鬱的交際應酬

我會刻意遠離那些帶來負面情感的人。比方說我不喜歡的人傳訊息來，我會裝沒看到，連電話都不接。我這樣做可能太冷漠，但把時間花在你不想見的人身上，是我更不想做的事情。

話雖如此，你也不用幼稚地宣示絕交，或是激動地叫對方永遠別聯絡。對方也沒什麼錯，你純粹是不想見到他，才保持距離而已。

一開始斷絕往來的時候，對方也許會不死心地跟你聯絡。可是時間一久，對方就會注意到你的想法，漸漸也不再跟你聯絡了。**成熟的人都知道，分道揚鑣時不見得要直接說出口**。如果你覺得跟對方在一起很憂鬱，那就讓這段關係慢慢淡化就好。

關係聚焦

6 別當個需索無度的人

動不動就要求回報的人

有一種人整天在打別人的主意，要求別人提供知識或訊息，甚至想竊佔對方的東西或人脈。

這種人只會佔別人便宜，自己卻完全不肯付出，簡單說就是需索無度的人。他們可能會要求你教他們專業知識，看你拿到年終獎金就叫你請客，不然就是叫你介紹某某人給他們認識。**跟這種自私自利的人相處，根本是在浪費時間**。

千萬不要覺得幸好自己身旁沒這樣的人，因此不用擔心。可是，每個人心中都有這樣的劣根性，不知不覺可能就會表現出來。

小心自己也變成需索無度的人

遇到疼愛自己的長輩，或是善待自己的親朋好友，偶爾是不是也會利用他們的好意，卻忘了回報呢？我以前就是那樣，從來沒想過自己能為對方做什麼，現在我會時時告誡自己不能那樣做，但有時候還是會不小心起貪念。

如果你不想跟需索無度的人在一起，別人也不會想跟這樣的你相處。也許對方不會直接說你是個貪心的人，但他們可能會認為你是做任何事都只想到自己的人，跟你在一起沒有任何好處。

人會在無形中思考利弊得失。因此，你要遠離那些貪心的人，並警惕自己不要變成那種人。

學習主動付出

時時刻刻提醒自己主動付出，你才不會變成一個只會索要的貪心鬼。你要是只享權利不盡義務，對方會認為跟你交往很吃虧，漸漸不願意繼續跟你往來。

先想想自己能付出什麼，然後採取實際行動。不管是工作或私人交際，多思考自己能帶給對方什麼好處，就不會變成一個需索無度的人了。想怎麼收穫，就先怎麼栽。當然，我們付出善意對方不見得會開心。例如你很喜歡吃香菜，好心做一堆香菜料理請對方吃，萬一對方討厭吃香菜，那你的善意就適得其反了。

請設身處地替對方想，並尊重對方的自由意志，不要抱有過度的期待，這種交往方式才不會浪費彼此的時間。

關係聚焦

7 不要對別人抱過度期待

不要把自己的觀念套用在別人身上

我們多少都會對別人抱有期待。例如，我們跟別人打招呼時，也期待對方打招呼回禮；女友可能會希望男友求婚的地點，選在有浪漫夜景的高級餐廳；上班族也可能希望同事出差回來，帶一點當地的特產。這些都是把自己的「常識」施加在別人身上的一廂情願行為。

「常識」是因人而異的東西，偏偏很多人容易把自己的價值觀套用在別人身上，對別人抱有過高的期待。所以，當他們發現別人辜負自己的期待，就會感到憤怒又火大。

把自己的「常識」套用在別人身上，若對方不遵從就大發脾氣，這也是在浪費時間。況且，對方莫名其妙背負你的期待，還要莫名其妙被遷怒，一定也會覺得很無奈。對別人抱有過高的期待，對自己和別人都是沒有好處的行為。

自己是自己，別人是別人

但是「常識」是很難改變的東西。事實上，改變自己的觀念非常困難，各位也不必勉強改變自己。

我們做自己就好。同理，我們也該容許別人做自己。

換句話說，我們應該接受自己的「常識」，以及別人的「常識」。所謂的接受不是要你回應對方的期待，而是去諒解對方的思維和價值觀。我們沒辦法控制其他人，並且很多事情也不是我們能掌控的。可是，我們都希望別人按照我們的期望行動，等於是把自己的情緒交給別人來決定，無疑是在浪費時間。

不要把自己的期待強加在對方身上，應該包容對方有不一樣的價值觀。所以，萬一男友求婚的地方是附近的居酒屋，不是擁有百萬夜景的高級餐廳，女性朋友也請千萬保持冷靜（至於男女間的默契如何，那又另當別論）。

如果你能包容不同的價值觀，就不會對別人抱有過度的期待。如果你希望別人認同你的價值觀，請先認同對方的價值觀吧。做到這一點，你的情緒就不會受到影響了。常保心情愉快，不浪費時間發脾氣，你才能過得輕鬆自在。

關係聚焦

8 遇到「外星人」請無視

別把時間花在聽不懂人話的傢伙身上

有一種人完全不聽別人講話，為人剛愎自用，而且非常情緒化，如果有人反對自己的意見就暴跳如雷──我一向把這種人視為「外星人」。反正他們聽不懂人話，跟他們說什麼都是多餘的。因為他們不會聆聽你的見解，雙方也毫無對話的餘地。

試著跟外星人溝通，純粹是一件吃力不討好的事情。雖然有時候你會很想回嘴（我也懂那種想要嗆爆他們的心情），但**反駁聽不懂人話的傢伙是在浪費時間**。

千萬不要花時間去反駁外星人，反正你抒發己見也說服不了他們。

如果那些聽不懂人話的傢伙，講了一堆鬼話讓你大為光火，請無視他們就好，也不需要浪費時間反駁他們。

無視才是王道

與其改變外星人的思維和行動，調整自己的應對還比較容易。就算你想駁倒對方，讓對方乖乖閉嘴，到頭來浪費的還是你自己的時間，**不理不睬才是節省時間和精力的好方法。**

明白了這個道理，你就不會對外星人白費唇舌，還搞到自己抓狂了。遇到外星人請馬上勸自己調頭離開。萬一外星人對你說三道四，你就保持適當的距離充耳不聞就好。不要理會外星人，也不要跟他們扯上關係，這一點請務必牢記。

關係聚焦

9 拒絕邀約不必煩惱理由

沒意義的邀約就是沒意義

有時，親朋好友邀請我們去做一些不感興趣的事情，我們其實很難直接拒絕對方，例如觀賞演唱會、球賽、舞台劇、才藝表演，還有參加座談會或研習會等等。交友廣泛的人，很容易接到這些活動邀約。

就算你是敢拒絕邀約，不怕得罪別人的人，遇到自己重視的對象提出邀約，你也同樣會猶豫不決。尤其，對方若是當天活動的要角，你去了也沒辦法跟對方說上話，又是自己不感興趣的活動，這種情況下真的很無聊。

當然，如果能在觀眾席上一起觀賞表演，或是有時間一起吃飯喝茶的話，那至少還有互相交流一下彼此近況的時間；但去參加自己不感興趣的活動，又沒機會跟對方交談的話，那去了也是在浪費時間。

哪怕是重要的對象邀請你，浪費時間的活動還是拒絕比較好。

拒絕時不必說明理由

要拒絕平日對自己關愛有加的對象並不容易，這種心情我也瞭解。不過參加自己沒興趣的活動，還裝作一副很感興趣的樣子，這不也非常失禮？況且，對方要是以為你很感興趣，以後就會繼續邀你參加。到時候，你又得陷入是否該拒絕的煩惱。

因此，**當對方提出你不感興趣的邀約時，請誠實告訴對方，你很喜歡對方的為人，只是你對這個活動真的不感興趣。**

比方說，舞台劇的主辦者邀你去觀賞表演，你不妨用下列的說法拒絕。

感謝您的邀約。
（謝謝對方邀請自己）
上次跟您聊得非常愉快，
（善意看待你們共度的時光）
這次您要舉辦戲劇表演，我會替您加油的。
（善意看待你們未來的關係）
不巧的是，當天我無法到場，希望您的表演能完美演出。
（不必傳達理由直接拒絕）

在拒絕重要對象的邀約時，我會先表達善意。然後，不必告知理由直接拒絕就好。很多人會找理由拒絕對方，但這麼做會讓對方不曉得你其實是對活動沒興趣。用這樣的說法不必傳達理由，對方也會明白你不感興趣。

多數人在拒絕對方時，習慣找各式各樣的理由。比方說，向公司或學校請假時，許多人會認為要說明理由是常識吧。所以，一般人不太願意直接拒絕對方。然而，成人間的私交通常不會追究對方拒絕的理由，頂多就是想知道對方來不來而已（搞不好對方也只是想湊人數）。當別人拒絕你的邀請時，你也不會深究原因吧？拒絕時不必刻意找理由或說謊，直接拒絕就行了。

關係聚焦

10 不要只看到別人的缺點

忍不住看別人的缺點

有時我們會很在意旁人的缺點，例如上司講話太大聲、同事愛拍馬屁、前輩動不動就把工作推給別人等等。明明是沒什麼大不了的缺點，每天看到還是會覺得煩。

可是，既然你們每天都會碰面，那麼一直挑對方的毛病是沒意義的行為。好比上司講話太大聲，有人可能認為上司很吵，也有人認為聲音大一點才聽得清楚。面對同一個人的言行舉止，每個人的看法和感受都不一樣。**換句話說，你會不會挑別人的毛病，其實跟你自己的看法和感受有關。**

這世上沒有完美的人。有一百種人就有一百種不同的性格和價值觀。當然，有討厭的對象也無可厚非，我明白這樣的心情，但懷抱這種心態是在跟自己過不去。

試著去發現一體兩面的優點

因此，我建議各位轉換一下想法。**不要一味尋找對方的缺點，而是去看對方的優點，以及對我們有利的部份。**

我們無法改變別人，只能改變自己的觀點。比方說，「多虧大嗓門的上司經常哈哈大笑，職場的氣氛一向很融洽。」、「擅長逢迎拍馬的同事，很熟悉公司的政治內情。」、「前輩把工作推給我們，是為了讓我們快速學會工作要領。」用這種方式改變自己的觀念，找出一體兩面的優點。當你有辦法改變自己的觀念，你會發現在同樣的環境中，也有不一樣的全新體會。

第四章

只會存錢
是浪費時間

理財聚焦

1 放棄沒意義的存錢法

存錢也是種浪費？

為了自己的將來著想，以及應付不時之需，有儲蓄當然是一件好事。如果你經歷過沒錢的煩惱，絕對會明白儲蓄的重要，不存錢反而是不可能的事。

不過，忘了存錢的初衷，不去思考如何用錢，只把存錢當成主要目的，這是本末倒置的行為。**錢不是拿來存的，而是拿來用的。**

我不是叫各位隨便浪費錢，錢當然是越多越好。然而，**把存錢視為唯一的目的，是時間和金錢的雙重浪費。**

用錢的方法決定你未來的高度

為什麼存錢是在浪費時間？

打個比方，A和B這兩個人想要增進自己的英文能力。他們的資歷相當，薪水也相去不遠，兩個人都有三百萬❸的儲蓄，生活沒有太大的困難。A決定去國外短期留學，來增進自己的英文能力。留學半年要花兩百萬左右，但他認為現階段行動在經濟上比較沒負擔，所以立刻採取行動。回國以後的A善用自己的留學經驗，在工作上獲得了極大的成就。他年紀輕輕就當上課長，薪水也增加不少。相對的，B決定多存一點錢再行動。A回國時B已經存到五百萬了，但他還是打算多存一點再去留學……。各位對這兩個人用錢的方式有何看法？

使用金錢和時間的方式，會大幅影響你的人生。儲蓄絕對是一個好習慣，可是如果你不知道什麼情況才叫「不時之需」，也不瞭解自己需要多少錢來應急，那你

---

❸本書此處及之後出現的所有幣值皆為日幣，現行匯率為日幣一元等於新臺幣〇．二七元。

就算有錢也不會用。當你為了儲蓄而儲蓄，不願花錢去買一些經驗，那等於是在浪費時間和金錢。

因此，**存錢不要存超過一年生活費的金額**。先算算自己一年要花多少生活費，多餘的錢就用來增加各種人生經驗。每年生活費只花一百萬日元的人，就不要存超過一百萬了，多出來的錢拿去做自己想做的事情吧。

學習不是非得花錢，但花錢確實能學到更多的經驗。去學才藝、參加座談會、外出遊歷等等都要花錢，整天存錢是沒辦法進步的，「善用花錢學經驗」才能讓你進步。另外，也不要只顧花錢，下一小節會講到錢滾錢的方法，學習投資也是很重要的人生經驗。

理財聚焦

2 學理財，財才會理你

只要努力，總有一天會有所回報？

相信大家都聽過一句話，「只要努力，總有一天會有所回報」。這句話的意思是，只要你努力工作，總有一天會獲得認可，賺進大把的鈔票。那些成功人士經常這樣講，我們也就不疑有他。不過，你要是用這句話催眠自己，不願意正視理財的問題，那麼你是無法真正賺大錢的。事實上會講那句話的人，他們多半已經是有錢人或成功人士了。

我從事不動產工作，常會碰到一些靠不動產發跡的投資人或企業家。每次我問他們成功的秘訣是什麼，他們的回答同樣是那句話：只要好好工作就能賺大錢。接著，大家聊起具體的投資和事業話題，發現有錢人的金錢觀念比一般人更精明。換句話說，**關於開源節流的方法，他們想得比任何人更深入**。可是，公開詳細的方法太麻煩，他們才會說出「只要好好工作就能賺大錢」的一般論。所以，各位不要真的相信那句話，反而要好好學習理財的相關知識。

學習開源節流的方法

那麼，到底該怎麼做才好呢？簡單說，你要學習儲蓄和增加儲蓄的方法。

先說儲蓄，你可以用「零存整付」的方式，從每個月的薪水中扣款來儲蓄。放定存或買保險也是個方法，用每個月自動扣款來儲蓄，你就能存到錢了。再來，用一部份儲蓄購買股票或不動產，即可享有錢滾錢的效果。

我在二十五歲的時候，曾經去過「金融學院」這家理財學校。那時候我在餐飲業從事內場的工作，年收兩百五十萬左右，女友（現在的妻子）的年收則有四百萬以上。我有心和她結婚，但經濟上卻有一種難以言喻的無力感。我知道再這樣下去不行，決定努力做出改變。

十年過去了，多虧我出社會沒多久就開始理財，現在才能靠不動產事業維持生計。假如十年前我真的信了那句話，不去學習理財的知識，我的路大概會越走越窄。也就是說，**除了儲蓄，更要學習理財的知識，你才不會浪費時間和金錢，人生才能越走越開闊**。

理財聚焦

3 連假時不要跟風出遊

人潮擁擠根本無法好好玩樂

相信大家都曾經利用黃金週❹、盂蘭盆節❺、過年等連假時期出遊，結果搞到自己身心俱疲的糟糕經驗吧？

某次盂蘭盆節的時候，我帶家人去住旅館，光是晚上要吃頓自助餐，排隊就花了一個小時以上。如果有其他餐廳的話我早就去了，偏偏有提供晚餐的餐廳只此一家，而且開放時間都是固定的，我們只好排隊等吃飯了。大人排隊還沒什麼，小孩子排膩了你還要花時間哄。後來，我乾脆一個人排隊，讓妻子帶著孩子去其他地方散心。其實這是連假期間度假勝地很常見的現象，也不是旅館或餐廳才會遇到人潮。

因此，每當我看到那些爸爸們，在遊樂園之類的地方，雙手提著滿滿的東西，累到在板凳上打盹的時候，我完全能體會他們帶家人出遊的辛勞。

切記，長假期間千萬不要到外地觀光。

在抵達目的地以前，首先你得忍受混亂的交通和塞車現象。到了目的地以後，每個地方都是人山人海，根本沒辦法好好放鬆玩樂。你可能會看到人潮擁擠的溫泉浴池、遊客比動物還多的動物園、大排長龍的遊樂設施等等。而且回程的時候，你會再一次遇到塞車的狀況，往返時間比遊樂時間還要長，等你回到家早就疲憊不堪了……。連假出遊完全是去討疲勞，再者連假的旅館或機票特別貴，也不符合性價比。

連假出遊，純粹是在浪費時間和金錢。

❹ 簡稱ＧＷ，是指日本在四月底至五月初這段期間，由多個國定假日加上週末組成的連續假期。

❺ 或簡稱御盆節，是日本的傳統節日，類似於華人的中元節。現已成為僅次於元旦的重要節日，企業、公司一般都會放假一週左右，稱為「盆休」。

長假不遠遊，快樂又省錢

我們家放長假是不出遊的，正確來說是不會遠遊。我們都去附近的公園或河濱，再不然就是到附近的餐廳吃飯，不會花大錢到外地觀光。不管是到附近的公園或遙遠的旅遊勝地，跟家人共享便當的快樂都是一樣的。

如果還是想去外地觀光，不妨利用人潮較少的週末假期，或是趁學校放長假的平日去。這些時期的人潮再多，也比一般長假的人潮要少。單身或沒有小孩的人，可以調整一下工作排程或利用特休，在平日的時候外出旅行，這樣也比長假出遊更省時間和金錢。平日出遊的機票和旅館費用比較便宜，在長假出遊一次的花費，相當於在平日出遊兩、三次，還不會遇到塞車或大排長龍的問題，省下了大把時間。

理財聚焦

4 不是只有「全新」這選項

買優質的二手貨就好

現在有越來越多人上網購買二手貨，但凡事「求新」的人還是特別多。很多人不喜歡二手貨，主要是二手貨是被別人用過的東西。但我從以前就喜歡買二手貨，有二手貨的話我不會買全新的。最近市面上有不少二手貨，甚至還在店面上販賣的全新商品，你只要上網找一下就會找到同款的二手貨了。

只因為別人用過就排斥二手貨，有可能會讓你增加不必要的花費。

便宜購入九成新的商品

只要是別人持有過的東西，就算完全沒用過也會被當成二手貨。像那些只用過一次，或是幾近全新的二手貨，可以說與全新的商品無異。

能用便宜的價格買到幾近全新的商品，為什麼要傻傻地排斥二手貨呢？我認為這是很可惜的事情。我建議各位在購買全新的商品之前，先上網找一下二手貨。你可能會嫌麻煩，但老實說浪費錢才是真正的麻煩。

花錢省麻煩，你反倒必須更努力工作才能把錢賺回來。浪費的錢越多，你用來工作的時間也就越多。賺的錢還得被政府剝一層皮，大家都知道賺錢比花錢辛苦的道理。所以，如何用便宜的價格買到好東西就很重要了。

假如你有什麼想買的商品，請上網搜尋一下商品名稱，外加「二手」二字。或是搜尋商品的製造商名稱，再加上型號和「二手」等字樣，找看看有沒有堪用的二手貨。像衣服或書籍這一類的東西，稍微查個五分鐘就知道商品的保存狀況了，不同金額和不同類型的商品，查詢的時間也不盡相同。當然，不是二手貨就一定比較好。你還要考量保養的費用和精力，仔細精挑細選才行。換言之，審慎評估才是重點。

有二手貨就不要買全新的商品，這樣可以節省購物的開銷。有些人不介意買二手的書籍或電腦，但貼身衣物說什麼也不想買二手貨，頂多只能接受二手的外套。每個人對二手貨的感受都不太一樣，各位不妨思考一下適合自己的購物之道。

理財聚焦

5 不要去考用不到的證照

開餐飲店用不到廚師證照

如果要擔任律師、會計師，這一類行業是需要開業資格的。至於廚師和甜品衛生管理師等職業，雖然跟律師、會計師一樣要考取國家資格，但只是開餐飲店的話，並不需要這些東西。

我以前在餐飲店工作時，靠自學考到了廚師證照，可惜一次也沒派上用場。我每天下班回家花了不少時間準備考試，考到以後卻完全沒用處。開餐飲店只要參加食品衛生學等規定的講習就夠了，用不著去考廚師證照。當時我以為開店一定需要證照，也沒好好調查清楚，白白浪費了不少時間。

有了這個經驗，**我發現去考自己用不到的證照，是在浪費時間和金錢。**

當然，備考時學到的知識有可能派上用場。可是，花時間去考自己用不到的證照，未免太不划算了。單純上網搜尋一下就能知道的事情，沒必要特地花時間去記。而且，你還得花錢去報名、買參考書，有些證照考到後還得花錢更新，就算考上了一點好處也沒有。再來，一般人考完後也不會再花時間念書，如果平常用不到相關的知識，內容很快就忘光光了。除非你的興趣是考取各種證照，不然用不到的還是別念了。

你考的證照是否真的用得上？

當然，有些人只是想試著考取證照，沒有明確需要的理由。因此，請你在考取證照前，先思考自己是考興趣的，還是考來用的？

如果你是想考來用的，最好先做點功課，瞭解一下那項證照是否真的有用？還有你的工作是否真的需要證照？否則你是在浪費時間和金錢。就算你要考的證照對工作有幫助，你學的知識可能在日常業務上根本用不到。不過，你是為了考取有用的證照，才去學自己用不到的知識，這跟考取用不到的證照，還去學沒用的知識是截然不同的選擇。

與其計較自己有多少證照，不如評估自己有多少實力，「沒興趣、沒必要、用不到」的事情，千萬別浪費時間去做。

理財聚焦

6 多方檢討「固定開銷」

減少固定開銷可輕鬆省下大錢

減少固定開銷是節儉的基本方法，這一點很多人都知之甚詳。

每月的支出有分「固定開銷」和「浮動開銷」。「浮動開銷」是指伙食費、交際費這些每個月都會變動的支出，省下這種開銷的省錢效果有限。相對的，**「固定開銷」是每個月都不會變動的支出，省下這種開銷有持續性的省錢效果，可以減少每個月的家計負擔。**

一般來說，檢討金額較大的房租、貸款、汽車保養費、保費、通訊費，是有效減少固定開銷的作法。事實上，我們家兩年前重新檢討保費後，每個月省下了三千元；手機合約也從大型電信公司轉到小型電信公司，每個月省下了五千元；家庭用電重新跟便宜的民營電力公司簽約，每個月省下了一千多元。全部加起來每個月相當於九千元，一年就省下了十萬元左右。

不過，有些家庭可能沒什麼省錢的空間。因為他們在買房子或汽車時，有先審慎評估才簽約。然而，就算花這種大錢時沒有審慎評估，只要認真檢討固定開銷一次就有節約的效果。這樣一來，之後也不必再多做其它的嘗試。

一年檢討一次固定開銷

減少固定開銷的好處，就在於「什麼都不用做」。其實這也是有陷阱的，確實一旦減少固定開銷以後，效果會一直持續下去，但**這不代表檢討一次就不用再檢討了**。

比方說，房貸的利率下降，你可以去借利率比較低的錢，來還利率比較高的貸款；住家附近若有便宜的停車位，也可以去租來用；另外保險、手機、電信方案的競爭越來越激烈，各大企業會不斷推出便宜的契約方案。**不去吸收新的訊息，還以為自己簽到了最划算的契約，這等於是在無形中吃大虧。**

所以，一年檢討一次固定開銷才是比較划算的做法。好比手機和網路費用，在續約前重新檢討更便宜的方案，就不用付違約金了。或者，如果現行費用太昂貴，有時付違約金馬上解約還比較划算的話，建議各位稍微試算一下比較好。

一年檢討一次固定開銷，也可以解除沒在用的小額服務，或是忘記解約的服務。很多時候我們會被一些莫名其妙的服務扣款，而且也不搞不清楚那些服務的作用。以我個人為例，我曾經忘記自己加入過某個服務，就算好幾年沒在用了，每個月仍要支付四百六十二元。除此之外，手機ＡＰＰ服務我也忘記取消訂閱，網路雲端硬碟也忘記取消付費方案。像這樣簽約以後就置之不理，讓自己一直默默被扣款真的非常吃虧。

定期檢討固定開銷，可以解約沒在用的服務，重新簽下更划算的方案。保持對自己有利的開銷模式，也能省下不必要的花費。

7 追求方便的陷阱

家裡有就別去便利商店買

很多人習慣利用上下班或休息時間，去便利商店購買飲料或食物。其實這些東西家裡也有，只不過在忙碌的早晨，與其花時間準備飲料和食物，不如去便利商店買比較方便，這種想法我也理解。

我以前也是每天跑便利商店。午餐時間的便利商店櫃台總是大排長龍，但那裡賣的食物比餐廳便宜，我認為去便利商店買東西吃，可以節省時間和金錢。可是，當我在計算家庭收支的時候，發現**每天去便利商店買家裡已經有的東西，的確是在浪費時間和金錢**。

去便利商店沒有比較省時

明明自備比較便宜，卻刻意去便利商店購買，主要原因不外乎是自備很麻煩。去便利商店買可以省時，不用在忙碌的早晨準備那些東西。

不過，去便利商店真能省時嗎？

就以做便當來說好了，用保鮮膜把米飯包成一顆飯糰，飯盒中再放幾樣昨晚吃剩的菜。接著，水瓶裡倒入事先泡好的麥茶，這樣準備一餐根本用不到十分鐘。假設一個月有二十天要做這種便當，每個月差不多要耗費兩百分鐘；而一天的便當費用相當於兩百日元的話，二十天份就是四千日元。

相形之下，去便利商店要花時間挑選商品，還要排隊等結帳。假設每天去便利商店買東西要花五分鐘好了，購買的食物有飲料、生菜沙拉、便當，每天花費八百日元。這樣一個月二十天算下來，等於要耗費一百分鐘的時間，以及一萬六千日元。

換句話說，你每個月頂多只省下一百分鐘，結果卻多花了一萬兩千日元。**你等於是用一萬兩千日元，去買這一百分鐘。**

用一萬兩千日元買一百分鐘到底是貴還便宜，這答案是因人而異的。這要看你賺一萬兩千日元得花多久的時間。如果你每月收入三十萬日元，工時兩百小時的話，換算成時薪等於一千五百日元。一萬兩千除一千五百等於八小時。意思是，**薪水三十萬日元的人，得工作八小時才賺得到一萬兩千日元**。八小時相當於一天的勞動時間，所以為了省時間去便利商店買東西，其實沒有省到任何東西。

仔細思考自己該買什麼、該自備什麼，才能真正省到時間和金錢。有心節省時間的人，最好審慎評估這兩者的轉換效率。

理財聚焦

8 善用行動支付

用現金是在浪費時間和手續費

各位去便利商店或超市買東西，是用現金支付？還是用行動支付呢？用信用卡和電子貨幣支付購物款項，就是所謂的「行動支付」。

在一般人的印象中，日本使用行動支付的人算少數派，現金依舊是主流。事實上，日本的無現金支付比例才兩成左右，同為亞洲國家的韓國和中國，已經達到六成以上，顯然我們完全沒有跟上世界潮流。

我本來只是覺得買東西還能累積點數很划算，所以出社會後一直都是用行動支付。不過，最近我越來越覺得用現金消費很浪費。

以前你去便利商店的ＡＴＭ領錢，得先扣一筆手續費。現在這個年代，你就算沒有跨行提款，也同樣會被扣一筆手續費。二〇一八年十月起，從新生銀行的ＡＴＭ領錢要扣一百〇八日元的手續費（有些分店及SEVEN銀行的ＡＴＭ，根據不同的客戶評等和條件，也會有不同的手續費）。換句話說，**這年頭光是擁有現金本身，就是一件花錢的事情**。

用現金交易是在浪費時間

用現金付帳找零也很花時間。你看結帳的情況就知道了，用電子貨幣支付的人速度比較快，從錢包拿現金支付再收受零錢的人比較慢。

高速公路幾乎也都用ＥＴＣ了，用現金支付你還得去排一般通道。車子都用ＥＴＣ了，其他款項卻刻意用現金支付，這不是很奇怪嗎？顯而易見，**用現金付款是浪費時間的行為**。

行動支付好處多多

還在用現金支付的人，不妨試著用行動支付吧。

首先，用行動支付比較容易理財。明細表可以代替帳簿，你用了多少錢一目瞭然。萬一不小心弄丟了，打一通電話就能停掉信用卡或電子貨幣了，比現金更安全。拿信用卡付帳還有累積點數，買東西非常划算。我去全家便利商店買東西，也都是用他們推出的信用卡付款，還可以用累積的點數免費兌換商品。只是若在醫院或公家機關等沒有使用電子支付的場合，這時候沒帶現金就變得非常不方便。

能用行動支付的地方，就不要用現金了，平時帶著一些以備不時之需就好。這樣基本可以享受到行動支付的好處，也不會遇到沒現金的困擾，而且還有節省時間和金錢的功效。

9 收入增加更該謹慎花錢

由儉入奢易，由奢入儉難

當人們收入增加，本來就容易過上奢侈的生活。

有錢以後，你可能會購買名牌精品或手錶，去高級餐廳消費。跟收入較高的人來往，交際費用自然也特別高。身旁的朋友都住獨棟或豪宅，你也不好意思住便宜的破房子對吧？一旦生活水平提高，就再也回不去以前的生活了。

跟朋友一起去高級餐廳吃飯，朋友都點價格高昂的套餐，你很難拉下臉點便宜的菜色來吃。明知房租和房貸佔了生活費用的大宗，也寧可住在體面的豪宅裡，不願搬回便宜的小公寓。所以，就算收入增加，也不要輕易提升生活水平。

由奢入儉難最大的原因，就是「在意旁人眼光」的虛榮心。換言之，當事人害怕被親朋好友看不起，就算沒錢了也不敢降低生活水平。

我明白有錢就想揮霍的心情，錢可以快速增加我們的個人魅力。不過，**購物的喜悅不會維持太久，開心只是一時而已**。事實上，我也曾經買Gucci皮夾來用，因為我認為「有錢人都用長皮夾」。剛買來的兩三天，我每次看到皮夾都心滿意足，但才用一個月就膩了，現在皮夾被丟在抽屜裡生灰塵。

用增加的收入買經驗

收入增加應該用來提升自己的經驗或本事，也就是提升「自我水平」，而不是拿來滿足虛榮的物欲。

你可以去旅遊、買書、參加演講和座談會、學習各項才藝等等。這些經驗對你自己一定有幫助，你等於是花錢買經驗。當你累積多元的經驗，掌握機智又靈活的行事風格，這樣的人自然充滿魅力。

如此一來，你就不會浪費時間和金錢，去打腫臉充胖子了。真正有自信的人，不會用錢來炫耀自己。

理財聚焦

10 買屋Vs.租屋之比價

到底是租屋好還是買屋好？

租屋和買屋哪個好？這是一個沒有正確答案的議題。在網路和房產雜誌上的說法也是眾說紛紜。有的專家說租屋好，也有的專家說買屋好，看得我們是一頭霧水。

我個人有買房子，但我也曾考慮過用租的就好。**只要別當「冤大頭」，買房的好處在於不用多花錢在別人的資產上。**畢竟用租的得一直付租金。

假設每個月十五萬元的房租連續付十年，等於十五萬乘一百二十個月，相當於一千八百萬日元。實際上，你還要支付其他零零總總的費用，花的絕對不只這個金額。與其花十五萬元租房子，不如買下同等級的中古屋，每個月的居住費用還比較便宜。

比方說，你花三千萬日元買下中古屋，房貸要還三十五年，利息是百分之一。這樣你每個月要還八萬五千元左右（包含本金和利息），另外每個月還有兩萬五的管理和修繕費用，加起來每個月等於十一萬元。每月十一萬元乘十年，也就是一千三百二十萬日元。

買中古屋比你用租的還要便宜大約四百八十萬日元，當然你還要支付資產稅和保險費用，但為了簡化計算，這裡我們也沒算租屋的保險費和其他開銷。

不過，前提是你不當「冤大頭」。換句話說，**如果你買到高於市價的房子，那反而是不划算的。**

一般人如何看透房子的真正價值

但大部分人又不是不動產相關從業人員，怎麼會知道合理的價格是多少？其實，要看透房子的真正價值並不困難。

根據我個人從事不動產工作的經驗，有些客人每天專門調查某些特定區域的房價，比方說，有人想要品川車站附近三房兩廳的房子，屋齡最好在二十年以內。他們對該區域的環境和房子，可能比房仲業者還要清楚。**如果每天在同一個區域調查特定條件的房子，自然會明白合理的房價**，就不會買到太貴的房子。

以方才提到的三千萬中古屋為例，就算住了十年折舊兩成，用兩千四百萬的價格賣掉，也還是比租屋划算。十年過去，房貸大約只剩下兩千兩百五十萬元（這是指利率不變的情況下），用兩千四百萬賣掉還能賺一百五十萬價差。假設十年來的居住費用是一千三百二十萬元，扣掉這一百五十萬的話，等於你實質上只花了一千一百七十萬元。所以，只要別買到太貴的房子，買房會比租房省錢。

理財聚焦

11 不要只會當消費者

沒錢生活就沒樂趣？

很多人會在假日花錢找娛樂，好比去吃大餐、購物、看演唱會、看電影、觀賞運動比賽、去遊樂園玩等等。對平時繁忙的上班族來說，假日做自己喜歡的事，是調劑身心的必要方式。

可是，有些人沒錢就不懂得娛樂自己。每次放假亂花錢，一到月底就變「月光族」，因此只好乖乖待在家裡。沒錢就不懂得享受生活的人，通常也缺乏魅力。真正有魅力的人，不花錢也有不花錢的享樂法，自然能吸引眾人靠近。

只會用錢滿足物欲，這是「消費者」在做的事，用這種方式花錢是一種浪費。

當「生產者」不用花錢也很開心

從「生產者」的角度去做自己喜歡的事情，反而不太花錢。**所謂的「生產者」，也就是傳播某些訊息的人。**

像我開始玩攝影和部落格以後，才明白這個道理。每天光是在部落格或網路社群上發佈一些個人體驗，不需要什麼特殊技能，就稱得上是了不起的生產者了。這些訊息可以對某些人多少有點幫助，對方也許能從中獲得新的資訊和領悟，或是拿我們的例子當反面教材，無論如何，自己都能為人家做出貢獻。

也不是只有上網寫文章才算是生產者，只要你有樂在其中的興趣，例如製作飾品、拍照、畫畫、寫詩、上傳趣味動畫等等，而且有心分享給更多人，就可以當個生產者了。**「生產者」不花大錢，也能過得多采多姿。**

當然，製作飾品要購買材料，畫畫也得準備畫具，這些開銷是免不了的。不過，**創造和表演本身是不花錢的，你的興趣還有可能拿來賺錢**。好比上網販賣自己手做的飾品或照片、到街上替人畫肖像畫、文學創作、擺攤販賣等等。現在這個時代，你光是在 Youtube 上傳影片就有廣告收入，任何人都可以當一個「生產者」來賺錢。

稍微改變一下假日的休閒方式，即可享受「消費者」和「生產者」轉換的樂趣。

如此一來，你就不再是一個只會花錢的「消費者」了。

理財聚焦

12 風險大小與投資標的無關

存錢也可能吃虧

很多人對儲蓄和節約抱持正面想法，對投資卻有一種負面印象，他們覺得投資可能侵蝕自己的資產，是一件很可怕的事情。投資的確有風險。不過，普遍被認為安全的「儲蓄」也有風險，**不是存錢就一定不會吃虧**。

現在物價不斷上漲，我小時候去雜貨店買冰棒一支六十日元，現在漲到七十日元了；甜甜圈一塊三十日元，現在也漲到四十日元了（不同世代的讀者，感受到的物價變動又不一樣）。簡單說，假設你存了六萬元用來買冰棒，以前你可以買下一千支，現在只能買下八百五十七支了（還不含消費稅❻）。換句話說，**金錢的價值會隨著時間減少**。

所以，你自以為保險的「儲蓄」手段，其實正無形中害你吃大虧。**如果你僅憑刻板印象認為「儲蓄很安全、投資很危險」，卻渾然不覺你的財富可能正在流失中。**

想太多的人，最適合投資

前面也說過，現在物價一直上漲，金錢的價值則一直下降，此時你應該用一部份的資產進行投資。當然所謂的投資，不是叫你買一些消耗品，那些東西在增值之前就用完了。

那麼該投資什麼才好？具體來說可以投資股票、不動產和黃金。有些謹慎的人表示，他們也知道投資的好處，但仍然害怕賠錢的風險。投資最需要的特質就是謹慎，這種人反而最適合投資。

投資會賠錢的人，多半是沒有深思就投資的人，他們以為隨便買都會賺。我曾經買過雜誌推薦的股票，結果賠了一屁股。想太多的人反而會先深入瞭解投資標的，再考慮投資，這一點非常重要。

實際投資以後我發現，**投資的風險大小取決於自己**。

以購買不動產為例，一般人認為購買便宜的中古屋風險很大。畢竟，你不曉得之後要花多少錢修繕，但便宜的房子也有可能身價翻倍，買這種房子就是「高風險高報酬」。換句話說，**危險的不是投資，進行危險投資的人才是真正的危險因子**。投資前先做功課降低風險，自己決定要承擔多大的風險，就不會浪費多餘的金錢了。

❻是一種附加於商品或服務上來徵收的稅金。於日本購物時，價格通常不含消費稅，於結帳時另加。

第五章

不經思考的購買
是浪費時間

生活聚焦

1 給自己「衝動購買」的額度

衝動購買不是問題

如果你克制不了自己的衝動，動不動就買下不必要的東西，不僅浪費錢，你還得花時間整理家中囤積的物品。然而，衝動本來就是難以克制的事情，我認為也沒必要強迫自己克制。

但不克制會浪費時間和金錢不是嗎？的確，一時衝動買下不必要的東西，會浪費你的時間和金錢。不過，就算是衝動購買，買下對自己有益的東西，這種行為反而有利無害。幾年前我在偶然經過的雜貨店衝動買下一條披肩。那是地方型的雜貨店，而且其他地方再也找不到第二條，現在那條披肩依然是我最喜歡的衣物之一。

換句話說，**衝動購買不代表浪費，衝動買下「不必要的東西」才叫浪費。**

衝動購物每月一次就好

為了避免買下不必要的東西，請規定「一個月衝動購物一次」就好。

實踐這一套方法，你在購物時才會仔細思考，那是不是你真正想要的東西？是不是真的有必要購買？比方說，你要是看到商品特價就隨便亂買，到時候看到自己真正喜歡的東西，就沒有可以購買的額度了。

如果擔心自己會打破規則。其實重點不在於嚴格遵守這條守則，而是不要想到什麼就買什麼，先花點時間思考一下，那樣東西是否真的對自己有益，這樣就不會浪費多餘的時間和金錢。

生活聚焦

2 不要過度追求CP值

選擇太多也很麻煩

逛街購物、挑挑揀揀是一件快樂的事情。不過，這種快樂維持不了多久，等你買完東西早就精疲力盡。尤其家具或家電這些不常更換的東西，一次買下來就要花好幾萬塊，因此我們會在各家店鋪或網站上多方比價，但這過程真的很累。

購物疲勞最主要的原因是選擇太多，連挑個商品都要耗費極大的心力。我們總是想挑選到更便宜、更精良的商品。

三年前，我想買一台便宜又好用的吸塵器，於是上各家網站比較。比較完以後，我還跑去實體店鋪試用和比價。資訊收集的越多選項也就越多，企圖把各種因素綜合考量來做選擇真的很累。比方說，有些功能你不見得需要，但功能多一點總是沒壞處；真的挑到功能多的產品，你又想找更便宜的店家。挑到後來我也煩了，心想反正買哪一種都差不了多少，就乾脆買一台便宜的吸塵器。那台吸塵器簡便又輕巧，我還以為自己買到好貨，沒想到聲音吵得要死，最後只好收起來再沒使用過。

我花了大把時間企圖挑選CP值高的商品，可是選到最後我卻失去耐性，花了不必要的錢買下多餘的東西。換句話說，我純粹是浪費時間和金錢，買一個我根本不需要的商品，各位應該也有類似的經驗吧。

事先定好必要條件即可輕鬆購物

為了避免購物疲勞，我建議各位買東西時設定一到兩個必要條件。舉例來說，我在購買多功能事務機的時候，有兩個功能是絕對不能少的。一是Wi-Fi無線網路功能，二是要能影印A3尺寸。找到符合這兩項條件的商品後，再從適合的價格區間挑選，購物就不用花太多心力了。

平時多思考自己真正需要什麼，可省下漫無目的挑選日用品的時間，好比事先決定保鮮膜、衛生紙、清潔劑該買哪個產牌。**如果確立好自己用哪些牌子的習慣，就不用花時間精挑細選了。**

另外，事先決定要去哪裡購買，也不用浪費時間亂逛；盡量減少挑選商品的功夫，就不會有購物疲勞的問題；在花大錢買東西之前，先決定好一到兩樣必要條件，如此一來，買東西就是一件輕鬆愉快的事情。

買東西不要花太多心力，不然疲勞會影響你的判斷力，害你花費不必要的金錢。省下不必要的花費，家裡的東西才不會越來越多，你也不用再浪費時間整理。

生活聚焦

3 別買「賣不掉的東西」

買東西不要只想著拿來用

各位決定買下一樣東西時的關鍵考量是什麼？

像購買衣服、包包、家具、家電、電腦、電玩這些可以用很久的東西時，多數人都是思考買來以後要怎麼用，買來以後要在家裡用？還是在公司用？是工作的時候會用到？還是純粹滿足個人的興趣？

那麼，萬一不用了該怎麼辦？各位打開自家的衣櫃，看到那些再也用不到的衣服或包包，是不是直接塞到衣櫃的最深處眼不見為淨？

以前的我捨不得丟東西，直到跟妻子同居以後，擅長斷捨離的妻子替我丟掉許多不必要的東西。能用的東西被丟掉雖然讓我很難過，但這也代表我有太多用不到的東西。

買之前，先思考怎麼賣

買東西的時候，不妨先思考一下，萬一用不到了該怎麼賣。

我妻子經常上網購買孩子的衣服，等小孩長大穿不下了，就拿去賣掉。她經常跟我說，花五百元買的衣服，一年後還能賣到三千元的價格。所以，買東西不要只想著該怎麼用，多思考一下不用了該怎麼賣，這樣就可以把用不到的東西換成錢，減少浪費。

就算賣的價格比原來的買價低，**到頭來你等於是用便宜的價格購入**。比方說，你花一萬元買的東西用五千元的價格賣出，就相當於你只花五千元購物。如果懶得放到網路上拍賣，也可以直接拿去當鋪，或是請人到府估價回收。

也就是說，**買東西之前要考慮中古市場的價格**。花大錢購買房子（不動產）、汽車、高級手錶等貴重物品時，先思考未來會拿去變賣的可能性，等到真的有需要就可以變現了。

這是一個任何人都能當賣家的時代，不要等用不到再來思考該如何處理，而是在購買之前先想清楚，不要買一些賣不出去的東西，這樣就能省下處理的時間和金錢了。

4 偶爾需要的服務，共享就好

不常開車卻買車是浪費

我們經常會買一些用不到的東西，好比不常開的車子或不常穿的衣服。在購買的當下我們都以為自己用得到，但是最後卻事與願違，那終究是一種浪費。

住在市區買車代步，你得繳交停車費、汽車保險費、燃料費、汽車稅等款項，每年少說要花個一百萬日元。倘若你只有假日拿來開，一年了不起也才開一百多天，等於你開一天要花一萬日元，這真的是很浪費的行為。**除非你每天都有使用，或是使用的次數很頻繁，不然根本沒必要買車。**

善用共享服務

近來「共享經濟」大行其道，有些東西要用去借就好，不一定要自己持有。**所謂的「共享經濟」是一種跟別人共用物品、空間、服務，或是互相交換利用的社會系統。**除了共享汽車或衣服以外，還能共享房子、民宿，或是請人幫忙處理家事或煮飯，服務的種類十分多元。比方說衣服共享，大家通常會直接想到婚喪喜慶才穿的正式服裝，其實最近也有提供「居家服飾」的共享服務。

我們家經常使用汽車共享服務。出租的車子就放在收費停車場，要開之前先用手機預約，開十五分鐘只要兩百日元，我在工作時會拿來代步，省下計程車的費用，或是載家人出遊兩三天。畢竟我們家有小孩子，出門有車比較方便。不過，平常出門開車的機會不多，主要還是搭乘大眾運輸工具，所以為此養車並不划算。

當然，每天都要開車的人還是用買的比較好，但久久開一次的人利用共享服務就夠了。

可以共享的服務就不要買，這也是節省金錢開銷的方法。況且，持有的東西越少，就不用花時間管理了。

生活聚焦

5 減少找東西的時間

每年浪費一百五十小時找東西?!

相信各位都有這樣的經驗：要用的東西，在忙碌的時候偏偏就是找不到。就算找一次花不了幾分鐘，每天這樣耗下來還是會花不少時間。

根據文具製造商 Kokuyo 公司的調查，一般上班族每年大約要花一百五十個鐘頭尋找各類文件。假設上班族每天上班八小時，相等於每年花上十九天的時間在找東西。如果在家也忙著尋找物品，那麼每天耗費的時間就更多了，**像這種「找東西的時間」不僅沒有意義，也是一種浪費**。

有些人認為，平時做好環境整理工作，就不必浪費時間找東西了。的確，事先做好整頓工作的話，比較容易找到自己要的東西。不過，整理環境要花上不少心力，我們明知整理的好處，卻遲遲無法下決心處理，這才是麻煩的地方。

其實一開始不用想得太複雜，先把「物品歸定位」就好，也就是養成東西用完馬上放回原位的習慣。

我以前也花不少時間尋找文件。例如，還沒看過的文件、需要蓋印章的文件、需要保留的文件我全都放在一起，一分鐘就能處理好的文書工作，我卻花了半小時尋找，真的浪費很多時間。由於類似的情況太常發生，我決定把處理中的文件，依照處理的進度分類放好，還在處理中的文件也要事先決定收納的位置。只要擺在資料夾或抽屜中，這些放在固定位置的文件都不會搞混。

要是目前收納的位置不方便，不妨換到方便收納的位置。逐步減少「找東西的時間」，就不用浪費多餘的時間，也不必犧牲生活留下來加班了。

生活聚焦

6 不要勉強自己整理環境

被迫整理環境是在浪費時間

有時候上司或學校老師，會責備我們桌子或櫃子太過雜亂，好像不會整理環境的人就注定一事無成一樣。不過，使用那些桌子或櫃子的當事人，根本不把雜亂當一回事。畢竟東西放哪裡自己都知道，況且東西用久了早晚會亂，每次都要整理太麻煩。無奈的是，我們有時不得不屈服於別人的壓力，勉強整理自己的周邊環境。被迫整理環境真的是在浪費時間。

如果弄亂的是同事或家人會用到的公共空間，那被罵是理所當然的，公共空間應該保持在方便使用的整潔狀態。不過，**自己使用的辦公桌、儲物櫃、房間，只要**

使用上沒有任何不便，其實沒必要強迫自己整理。

不消說，我們不能把東西放到別人的空間，或是散發出惡臭影響鄰居。但自己使用的空間稍微雜亂一點，也不會給別人添麻煩。

整理是為了營造理想的環境

整理的用意，是為了營造理想的環境。比方說，為了讓下一個工作處理起來更迅速，可以事先收拾用不到的東西，丟掉有礙觀瞻的垃圾，或是把東西收定位，減少尋找的時間。這就好比我們邀請男女朋友來家裡玩之前，都會先把不想被看到的東西收好一樣。這是為了營造出良好的形象，才特地整理環境的行為。

但如果你的房間已經是你要的環境，那就不用整理了。

換個角度來想，整理是在破壞理想的環境。眾所周知，像愛因斯坦和賈伯斯那些知名人物，他們的辦公桌也很雜亂。仔細想想這也是理所當然的。整天忙著整理環境的人，根本沒時間去做創造性的工作。

如果自己不在意環境雜亂的話那就不用勉強整理了。不做多餘的整理工作，就可以省下更多時間和精力了。

生活聚焦

7 購物秉持「一進三出」原則

買一樣丟一樣還不夠

衣服、包包、鞋子、書籍、餐具、杯子這些物品，跟食品或其他日用品不同，並不會越用越少。可是，我們往往看到新的款式就想購買，不處理的話家裡東西會越來越多。

信奉極簡主義的人認為，**買一樣新東西就該丟掉一樣舊東西，也就是所謂的「一進一出原則」**。不過按照我個人經驗，遵循一進一出原則，家裡的東西還是會越積越多。因為，除了我們自己買的東西以外，別人也會送我們東西，比方說生日禮物、饋贈品、婚喪喜慶禮品，或是親朋好友給的親友牌等等。

自己購物還能控制，別人送的可不行。畢竟人家是好意送給你的，你總不能拒人於千里之外。買一樣丟一樣的話，你丟掉的速度絕對趕不上物品增加的速度。因此，家裡總是堆滿用不到的東西，還要浪費時間整理。明明生活已經很忙碌了，整理東西又害你更不得閒。

為了避免物品堆積如山，你要買一樣丟三樣，而不是買一樣丟一樣。你可能會認為這樣做太過火，但不做到這個地步，家裡的東西是不會減少的。

只買真正想要的東西

奉行「買一樣丟三樣」的方法後，你就不會亂買東西了，反而可以省下時間和金錢。例如你買了一件新襯衫，那麼你就得丟掉三件舊襯衫。買新襯衫就丟舊襯衫，買新褲子就丟舊褲子，丟掉的東西跟你買的東西種類要一致。

如果你是週末才洗衣服的人，那你最少要有五件襯衫才夠用。等你衣櫃裡的襯衫丟到剩下五件以後，下一次你再買新襯衫，就要丟掉種類相近的上衣。

東西多的時候丟起來比較容易，東西變少以後，你會發現剩下來的都是自己真正喜歡的類型，下次購物就會更加謹慎。**換句話說，你只會購買寧可丟掉三樣物品也要弄到手的東西，反而不會浪費錢買多餘的東西**。這麼做既省錢又省時間，家裡的東西也不會越來越多，不必浪費時間整理。

生活聚焦

8 設定猶豫的期限

猶豫不決時，乾脆先放到「保留區」

「這件衣服比較少穿，丟掉又有點可惜……」

「這個餐具最近比較少用，但偶爾又會用到……」

「這個遊戲現在沒玩了，但以後或許還會拿來玩……」

有時候我們整理物品，可能會有這種猶豫不決的情況。整理環境的時候，肯定會猶豫某些東西到底該丟還是該留。一旦猶豫就會停下來思考，好不容易下定決心的整理就這樣被打斷了。類似的情況一再發生，東西根本整理不完，只是白白浪費時間罷了。

猶豫不決只是在浪費時間。

如果一樣物品你很清楚該丟還是該留，馬上就可以整理好，例如，每天會用到的筆記本或包包，你不可能丟掉；喜歡的衣服和馬克杯，也同樣不會丟掉。相反的，破損的鞋子和襪子，還有不用的餐具，就是該丟的名單，除非你對那些東西有很特殊的情感。

不要浪費時間猶豫，整理工作就不會中斷。萬一你整理到一半猶豫了，不妨先「保留」下來吧。方法也很簡單，**不曉得該不該丟的東西，就先放到「保留箱」或「保留區」裡頭**。你可以拿空的箱子或清空的抽屜當做「保留箱」，或是在一部份的櫃子貼上「保留區」的標籤。如果是整理衣櫃，就用不同顏色的衣架區分保留的衣服，不必特地準備新的保留空間。

保留區的意義在於，你要弄清楚哪些是「準備丟掉的東西」。

決定「保留」以後，除非真的是必要的東西，否則你也不會再拿出來用，顯然這東西也沒有你想像中重要。只不過，你要想通這一點才捨得丟掉，因為沒有人會留下不重要的東西。

決定「保留」的期限

至於暫時「保留」的東西，你可以先決定一個丟掉的期限，或是放到下次打掃的時候，也就是到某個時間點，你認為已經不需要了，就可以丟掉，這樣就不用浪費時間猶豫不決了。

我個人習慣是用不到就直接丟掉，沒有特別決定保留期限。當我回家看到衣櫃的「保留區」，自然而然就會想淘汰某些衣服。那些衣服我會直接丟垃圾桶，或是拿到網路上拍賣，不然就是拿去捐贈或回收。

減少猶豫的時間，整理環境會更有效率，也不會浪費多餘的時間。

生活聚焦

9 三年沒用的東西直接丟掉

捨不得只是心理作祟

用不到的東西卻捨不得丟掉，主要是對物品有眷戀的關係。當你還想留下用不到的東西，不願意果斷捨棄，代表你的心中還抱著希望，你以為那些東西之後可能還用得到，甚至覺得丟掉東西很浪費，但這只是在浪費整理的時間。

用不到的東西捨不得丟掉，是讓許多人非常苦惱的心理狀態。因此我建議各位，**三年沒用的東西就直接丟掉吧**。覺得三年也太久了嗎？放久一點才好，三年沒用的東西你自己就會慢慢淡忘了。

放三年而不是一年的理由

不少極簡主義者表示，一年沒用的東西就能丟了，但我覺得一年太短了。一兩年沒用的東西其實不在少數，你可能這一兩年比較忙，沒時間去健身房運動，今年才有時間穿運動服鍛鍊身體。或者你有一件很棒的和服，只可惜去年夏天沒機會穿，今年你想穿給戀人看等等。

況且，日本人從小就習慣以三年為一周期，捨棄過去的事物。初中和高中都是三年，每三年環境就有極大的變化，我們通常也是配合那種變化，改變時間的分配方法，替換自己使用的物品。各位不妨翻一下自己初中和高中的照片，你會發現每段時期的自己，身上配戴的東西幾乎都不一樣。

換句話說，**丟掉三年用不到的東西，意思是你有三年的時間割捨對此物的眷戀。**當你無法馬上判斷一樣東西該不該丟，乾脆花三年的時間遺忘它吧。

沒有眷戀就沒有不捨，因此也不用逼自己馬上丟棄，慢慢等到捨得丟的時刻來臨就好。

生活聚焦

10 拍照有助於斷捨離

用拍照刺激「捨棄」的決心

承上，如果你還是會猶豫不決，還有一種方法是「先拍下照片再丟東西」。

當你猶豫一樣東西該不該丟，先把那樣東西拍下來吧。**搞不好留下照片你就心滿意足，感情上也比較沒有執著了**。我就是用這個方法，丟掉自己高中穿過的足球隊制服。那時候我翻出衣櫃裡的紙箱，陶醉在年輕時的回憶裡，我差點把那一箱制服放回去，好在我事先拍下了照片。後來我冷靜思考，反正有留下回憶就夠了，便將制服丟進了垃圾袋。

除此之外，我丟掉穿了十五年的睡衣，以及從高中用到現在的包包時，也是用拍照的方式來堅定自己的決心。

為了調適好心情而拍

我們通常不會因為一樣東西「用不到」就丟掉它，因為心情沒有調適好，就沒辦法下定決心捨棄，我們往往不願意捨棄每一樣物品的回憶。人類是重視回憶的動物，所以我們會拍下每一個充滿回憶的時刻，好比旅行或紀念日等非日常活動，還有自己每天的生活、周遭的景物、孩子的成長過程等等。

如果你在整理環境時，不曉得該不該丟棄某樣東西，拍下照片是個比較容易調適心情的好方法。這樣一來你就能果斷丟棄物品，也不會浪費時間猶豫了。這個方法能幫助你下定決心斷捨離，請務必嘗試看看。

第六章

跟對方冷戰
是浪費時間

婚姻聚焦

1 小心自以為是

不要隨便給對方貼標籤

夫妻是緊密的家人，雖然原本是沒有血緣的陌生人，但兩人長時間相處下來，就會開始以為自己很瞭解對方的想法和需求。**這種自以為對對方瞭若指掌的態度，往往是誤會發生的原因。**

前幾天，妻子外出採買的時候，我拜託她買我最喜歡吃的鮭魚鬆。但我在冰箱裡面沒看到，也沒看到她在採買清單上寫下鮭魚鬆。我心想她一定是忘記了，就對在陽台曬衣服的妻子說，下次記得寫在採買清單上。結果她有些不開心，因為鮭魚鬆就放在一旁的櫃子裡。我打開櫃子，果然在裡面發現四罐鮭魚鬆。我跟妻子道謝，並且暗自反省。

仔細想想，如果今天我是拜託陌生人去買鮭魚鬆，態度一定很有禮貌，對方會直接告訴我鮭魚鬆放哪裡，也不會鬧得不開心。不過，我卻以為妻子肯定跟平常一樣忘東忘西。為了這種小事吵架真的很不值得。

嚴格來講，「自以為瞭解對方」跟「自以為是」完全不一樣。自以為瞭解對方，這只是你本身的想法；但自以為是卻是擅自給對方貼標籤，造成對方的不愉快。家人是很親密的關係，但我們也不該自以為是，擅自給對方貼標籤。

留意自己的不客觀

當然夫妻在一起久了，或多或少都會覺得自己很瞭解對方。因為夫妻之間對彼此有一定程度的瞭解，如何與對方相處才是重點，關鍵在於你要發現自己的不客觀。多留意自己的不客觀，就能改善言行舉止了。

以剛才的例子來說，妻子以前曾經忘記買鮭魚鬆，我以為她這一次也忘了買，這就是我的偏見，事實上並非如此。

當你心中產生偏見，認為對方肯定會犯老毛病時，此時就要特別留意。在指責對方之前先停下來深呼吸，好好確認事實再來溝通，否則猜忌只會激化矛盾。換句話說，當你認為對方有錯時先冷靜下來，不要馬上把怒氣轉化為語言或行動，而是溫和地詢問對方到底事實如何。

我們通常都認為自己是對的，對方是錯的。這種成見往往是夫妻爭執的主因。夫妻相處請秉持客觀的態度，這樣彼此的關係才會融洽。夫妻之間溝通圓滑，少了各種偏見和自以為是，就不容易發生爭執了。

婚姻聚焦

2 不要強迫自己當個完美伴侶

不要忽視自己的心聲

有些人平常在外扮演好人，上班時要討好老闆，面對三姑六婆還要打哈哈。明明應付人際關係已經累個半死，回到家又勉強自己討好家人。他們一肩挑起家事和養兒育女的責任，努力當個好太太、好丈夫，連假日也要當個好父母，一大早陪小孩子玩耍，這種人就算回到家也沒法真正休息。

在外面扮演好人還算無可厚非，**回到家還要扮演好人，這樣的生活未免太苦悶**。家裡是讓一家人好好休息的地方，連回家都要演戲，到底什麼時候才能休息？因為重視家人，所以才想在家人面前保持良好形象。有類似想法的人，都很努力滿足家人的期待。

不過，如果你忽略自己想要好好休息的心聲，持續逼迫自己努力，壓力總有一天會爆發出來，埋怨沒人幫你分擔家務、每天一大早起床做飯很累、平日和假日都沒辦法好好休息等等。當你表達出自己壓抑的一面，家人也會感到很困惑。他們會對你的激烈反應感到意外，甚至怪你為何不早說。

與其搞到大家都不開心，不如一開始就不要裝好人。

慢慢調整自己的負擔

但是，好人當久了很難一下子放開自我。

你突然改變自己的作風，不但容易發生爭執，家人一時也難以適應。因此，你要慢慢減輕自己的重擔，一項一項放下來才行。比方說，「我想找幫傭來做家事，不一定要夫妻自己來做。」、「每天早起替你做便當很辛苦，每星期能不能請你吃兩天超商便當？」、「我假日願意陪孩子玩，但至少想好好睡到中午。」

你要用和顏悅色的方式，告訴家人你在家庭生活中有哪些壓力，並且跟他們一起商量解決之道。其實說出這些心聲，不代表能馬上解決問題。只是說出心裡話，你比較容易卸下「好人的面具」。在家人面前不要強迫自己忍耐，說出心聲你會輕鬆不少。像這樣踏出溝通的第一步，就可以順勢踏出第二步了。

如果你已經疲於裝好人，請先跟家人說出自己的心聲吧。如此一來，你在家裡才能好好休息，不會連回到家都累個半死。

婚姻聚焦

3 主動道歉就不必冷戰

用爭執來證明對錯是在浪費時間

「電燈沒關。」、「浴室誰要掃？」、「垃圾分類的方式不是這樣！」這些日常生活的瑣事，很容易造成夫妻爭執。吵到後來大家互相嘔氣，對這些小事一直耿耿於懷。

像我被妻子碎碎唸的時候，也會想回嘴。說來不怕各位笑，我滿腦子都想著要如何駁倒妻子，心態非常不健康。**我固執地想證明自己是對的，做這種沒意義的事真的是浪費時間。**

即使對方真的被你反駁到啞口無言，你們還是要在一起過日子。連續好幾天互相冷戰不說話，只是讓你們心情不好而已。要是你們已經有小孩，就算在小孩面前裝沒事，小孩也會察覺到父母間的氣氛不對勁，心裡產生不安的感覺。

夫妻吵架拖得越久、冷戰的時間越長，對雙方都是百害而無一利。為了你們彼此，也為了孩子，請不要冷戰了。

放下身段跟對方道歉

解決方法其實很簡單，**有一方主動道歉求和就行了。**到頭來這是最輕鬆的方法。夫妻吵架沒有輸贏可言，在和好之前沒有人心情會好。冷戰的時間拖得越久，相處下來只會越疲勞。

也許你不認為自己有錯，但我還是建議你快點道歉了事比較好。你可以為自己嘔氣的行為道歉，或是為對方的不愉快道歉。況且，勇於道歉的人在精神上較為成熟，不會計較這種小事。夫妻跟小孩子一樣互相嘔氣的時候，記得喚醒自己的成熟風範，就不會繼續浪費精神冷戰了。

還要謹記一點，**道歉後不要再提起過去的爭執**。道完歉還一直碎碎唸，好不容易平息的紛爭又會再次引燃。不管你是道歉或接受道歉的一方，吵完就不要再記恨了。

做到這一點，夫妻之間才能好好說出心裡話，讓彼此的關係更上一層樓。因為你們已經知道吵架和好的方法了，就不會浪費時間冷戰。

婚姻聚焦

4 夫妻的累不能比較

比誰累只是讓氣氛變差而已

跟自己的丈夫或妻子聊天時，有沒有互相比過誰比較累？好比妻子覺得在家照顧孩子比丈夫累，丈夫也覺得自己出外工作過得比妻子累。

當我們每天忙著工作、做家事、帶小孩，就會覺得自己的負擔比對方大，這時候家中的氣氛就容易變差。我以前也想過，平時我上班已經很辛苦了，為什麼下班還要幫忙做家事和帶小孩？妻子每週也才工作三天而已，她的自由時間比我還多呀？

其實我的想法大錯特錯，妻子要工作、做家事、帶小孩，幾乎是全年二十四小時無休。尤其帶小孩最累，半夜小孩哭了就得起來餵奶，一整天都沒有時間好好休息。白天她陪小孩子一起睡午覺看似在休息，但小孩何時會醒來哭鬧誰也說不準，她根本沒辦法安心入睡。她實際上是累到失去意識，並不是在睡覺。總之，母親帶小孩的辛苦難以想像。

這兩三年我比較常在家工作，才終於明白妻子的辛勞。當然，工作本身也很辛苦，做自己喜歡的工作不代表不會累，做家事和帶小孩有著不一樣的辛勞。帶小孩要配合孩子的生活步調，沒辦法隨心所欲行動，而且每天都有處理不完的家事……。換句話說，**夫妻都有自己的職責，沒有誰比較累的問題。**

互相慰勞對方的辛勞

有些夫妻沒有小孩，雙方都有工作，收入也差不多。這種小家庭的夫妻容易為了家事分擔吵架，畢竟兩個人做的事情都差不多，丈夫會希望妻子幫忙賺錢分擔經濟壓力，妻子也希望丈夫幫忙做家事。所以，當你覺得自己負擔比對方大的時候，就會把自己說得勞苦功高。

可是反過來想，**正因為夫妻做的事情差不多，所以更應該體諒對方**。如果你覺得很累，那代表對方也很累；如果你覺得自己很辛苦，那代表對方也很辛苦。所以，請慰勞對方的辛勞，就當在慰勞你自己吧。

我們都喜歡聽別人溫言相慰。同樣的道理，對方也喜歡聽到你這樣講。語言和心靈是互相影響的，主動慰勞對方辛勞，自己也會感受到療癒的效果。夫妻之間懂得互相體諒，就不會浪費時間比誰更辛苦了。

婚姻聚焦

5 抱怨無法達成期望

抱怨只會破壞彼此的感情

我們常會對另一半的生活習慣和觀念感到火大，例如對方門開了就不關、電燈用完也不會隨手關燈、煮菜調味太重鹹等等。偶爾為之忍一下也就算了，每天碰到這些事情難免會跟對方吵架。生活習慣的差異雖然沒什麼大不了，但這種差異在我們眼中容易被放大為「不正常」，所以一定會在意。

不過，**整天吵架的夫妻生活是在浪費時間**。因此，不要動不動就抱怨小事。

像我妻子門開了就不關，而我是一定會關的人。她每次打開餐具櫃都不關，我看到就覺得渾身不自在。我提醒她餐具掉下來會很危險，她也認為我說得有道理，但櫃子的門沒有一次記得關上。但真正常用櫃子的人是我妻子，她用得順手比較重要，後來我也就沒要求她一定要關。只是，我依然很在意櫃子沒關這件事，每次看到我就會替她關上。另外，我還在地板鋪上厚墊，以免餐具掉下來摔破。

與其整天抱怨，強行改變別人的使用習慣，不如改變自己的行為。這麼做比較沒壓力，也更容易達到自己的期望。

你的常識不見得是對方的常識

夫妻從小在不同的環境長大，結婚後才生活在一起，你的常識不見得是對方的常識，這是理所當然的道理。不過，有些人無法接受這個事實，這種人請先試著好好溝通吧。

夫妻缺乏溝通，就容易放大對方的缺點。多多溝通瞭解對方的想法，你就會發現對方沒有惡意，也會比較願意善待對方。到頭來，體諒對方的生活習慣和想法，多點雅量包容雙方的不同，才是對彼此都好的做法。不然整天被雞蛋裡挑骨頭，任何人都會感到疲倦又火大。

用溝通代替抱怨，慢慢磨合彼此的想法，才能減少夫妻之間的誤會與爭執。

婚姻聚焦

6 養成隨時隨地道謝的習慣

你一天會道謝幾次？

你是否把另一半的陪伴視為理所當然？

夫妻在一起相處的時間很長，容易把對方的付出視為理所當然。久而久之，我們以為彼此已經心有靈犀，因此再也沒有把感謝的心意說出口，這也是夫妻之間產生代溝的原因。這樣的日子過久了，對彼此的精神都是一大負擔，無形中也是浪費時間。

要避免類似的情況發生，請不要忘記表達你的謝意。如果你覺得日常生活中很難找到機會道謝，其實有時我們純粹是不好意思，結果就這麼錯過了道謝的時機。

道謝要養成習慣，否則會錯失感謝的時機。

為了避免這樣的狀況發生，**我建議各位數一下自己一天道謝幾次**。就像在玩遊戲一樣，你可以數一天最多能說幾次，更新自己的最高紀錄。不過也不用勉強自己道謝，不然會顯得很不自然。我們在感謝對方的時候，也要慎選時機和言詞。

不是只有謝謝才算感謝

表達感謝不一定要說「謝謝」，好比吃飯前說句「我開動了」，吃完飯說句「多謝款待，今天的菜很好吃」，這也都是感謝。另外，在對方疲勞時說句「你辛苦了」，在對方付出時說句「你的心意我很高興」，也同樣是在表達感謝。從這個角度來看，日常生活中處處是感謝對方的機會。

平時多留意道謝的時機，一有機會就凝視對方的眼睛說謝謝。不好意思凝視眼睛的話，看著嘴巴道謝也行。

關鍵在於，夫妻懂得互相道謝，就能解決大多數的夫妻問題。有一個願意接受你的伴侶，而且這個伴侶還會認同你、感謝你，這才是無上的幸福。

7 家事不見得要自己做

控制家事量減少負擔

有些夫妻都有正職工作，在工作之餘還要各自分擔一半的家事。但就算共同分擔家事，夫妻還是有可能為了家事吵架。

雙薪家庭的夫妻，能用來做家事的時間本來就不多。兩個人要處理所有的家事，畢竟還是太過勉強。**當兩人必須處理超過負荷的家事時，特別容易吵架。**

國外有不少家庭會請幫傭幫忙，我們也可以聘請幫傭減少家事負擔，不見得所有家事都要自己處理。

活用「省時家電」

若你不希望外人進出家裡，就像我們家這樣，**我們會多多利用「省時家電」**。我家現在只有用洗碗機和滾筒洗衣烘乾機，但每天處理家事的時間已經減少了一小時以上。

首先，早上和晚上本來要花四十分鐘洗碗和擦碗，現在用洗碗機只要十分鐘，節省了三十分鐘。衣服也不用特地拿出去曬，用洗衣機的烘乾功能，每天曬衣服和收衣服花不到半小時（據說掃除機器人和自動調理器，也是風評不錯的省時家電，用過的人無不希望早點遇見它就好了）。各位不妨根據自己的居住環境和生活方式，挑選適合的省時家電。

大部份家事用省時家電來處理，剩下的交給專業家事人員也未嘗不可。像清掃空調這種耗時又困難的工作，我們家也是交給專業的師傅來做，盡可能減少不必要的時間消耗。買家電或請幫傭的開銷，就當是「必要的家庭支出」吧。總比整天忙著處理家事，導致夫妻倆壓力過大來得好。

家電和幫傭都無法處理的家事，或是自己做比較方便的家事，我們才會自己來。

用這些方法減少家事，夫妻之間才有更多閒暇的時間，如此一來，也不會浪費寶貴的時間互相爭執。

婚姻聚焦

8 放棄折磨雙方的「完美主義」

「完美主義」是壓力的來源

有些事做到及格就好，偏偏我們就是放不開。不管是做家事還是帶小孩，我們都想達到自己訂下的標準。達不到標準的時候，我們就會感到很煩躁。有類似毛病的人，或許也是被「完美主義」荼毒的受害者。

夫妻中只要有人是完美主義者，對彼此都是折磨。比方說，另一半整天嫌棄你打掃和摺衣服的方式，連用個廁所和浴缸都有意見，這對你們彼此都是很大的壓力。我建議最好不要把完美主義帶回家中。因為做家事的根本目的，在於「讓全家人過得幸福」。

若以追求完美品質為目的，導致夫妻感情失和，這不但本末倒置，也是在浪費時間。

尋找合適的家事水平

「但不盡力做好家事，總覺得對家人很過意不去？」

不盡全力的確會給人敷衍了事的壞印象，但我的意思是要找到適當的平衡點。

夫妻之間互相討論一下，找到一個恰當的方法和平衡，來處理家事和帶小孩。

換句話說，夫妻面對各種問題，不要一味追求自己理想中的水平，**要回歸現實，找到適合彼此的平衡點來處理，這才是最好的方法**。尤其做家事不要追求完美，夫妻之間決定一個彼此都能接受的及格標準就好。最重要的是，夫妻都能獲得喘息的時間。如此一來，就能拋下沉重的壓力和義務感，過得輕鬆又自在。

第七章

期待孩子
完成你的夢想
是浪費時間

教育聚焦

1 不要妨礙孩子獨自玩耍

陪孩子玩是在妨礙他成長？

小孩大概兩歲時可以開始一個人玩耍，此時做父母的心情有點複雜，一方面稍微獲得了自由，另一方面又有些擔心，像是去幼稚園或托兒所接孩子，其他小孩都聚在一起玩耍，偏偏只有自己的小孩待在一旁玩積木，父母難免會在意。

有些父母擔心孩子寂寞，回家以後會陪孩子一起玩，或是幫他們解決難題。不過，這種行為是在妨礙孩子獨自玩耍，剝奪孩子的思考力和想像力。例如，孩子在堆積木的時候，父母直接教他們怎麼堆得更高，或是幫他們堆出一座城堡，久而久之孩子就不願意動腦了。

反正永遠有父母在，當小孩習慣性依賴父母，就無法好好培養思考力、創造力和想像力。**父母花了大量時間陪孩子玩，結果卻妨礙到孩子成長，這也是在浪費時間。**

守望孩子的成長就好

為了培養孩子的思考力和想像力，父母不要先告訴子女答案，也不要幫他們解決問題。在一旁守望他們成長，不要妨礙他們自發性玩耍也很重要。當然，我不是要各位完全放牛吃草。身為父母理當照顧孩子的安危，防止孩子吞下積木、避免他們從高處墜落等是最基本的照護，但除此之外，請讓孩子自由發揮。

我兒時的一大樂趣，就是找父親說話，我會告訴他當天發生的事情。不過，我跟父親玩耍時，一向都是玩我想出來的遊戲，父親沒有主動找我玩過。最近我問他對教育子女有沒有什麼看法？他說，他的教育方針就是讓我們做自己想做的事情。

雖然放手讓孩子去做喜歡的事情，這很需要勇氣。根據我的經驗，當父母的很容易為小孩設定一堆限制，禁止他們去做有風險的事。然而，父母只要守望孩子成長就好，不要妨礙他們。我們能做的就是去理解孩子的心情，當他們獨自玩耍的時候，在一旁偷偷地照顧他們就好；孩子回頭看我們的時候，記得對他們揮揮手微笑。這樣孩子就能安心玩耍，鍛鍊出屬於自己的思考力和想像力了。

教育聚焦

2 別動不動對孩子發火

孩子失敗就別落井下石了

「為什麼這點小事你做不到？」

「我跟你說過幾次了？」

已經當父母的讀者，有沒有在孩子做錯事時說過這幾句話？別人家的小孩做錯事，我們會安慰對方別放在心上，怎麼自己家小孩做錯事，我們就忍不住發火呢？

因為父母都會對小孩抱有期望（卻沒想過這也許不是孩子的期望）。一旦孩子違背我們的期望，我們無法接受孩子的失敗，就會對孩子大發雷霆。

可是，**最不甘心、最失落的是孩子本人。不用父母斥責，他們也知道自己做錯了。**

此時父母再繼續落井下石，責備他們一事無成，孩子會更加難過。說不定他們會因此畏畏縮縮，喪失挑戰的勇氣。

孩子失敗的時候，父母不該發脾氣。

情緒化的父母容易養出自卑的小孩

我明白父母的心情，孩子一再犯錯我們難免會生氣。父母也是人，總有情緒比較不好的時候，但是，父母看待孩子失敗的方式，會影響到孩子未來的發展。

容易產生情緒化反應的父母，孩子會覺得自己被否定，自我肯定感也隨之下降。

而且，他們還會學習父母的應對方式，心情不好就對別人發脾氣，萬一不小心傷到同學，父母還得想辦法去善後。然後，父母回家又發脾氣罵小孩，小孩又把氣出在別人身上……這種惡性循環也是在浪費時間。

孩子犯錯的時候，你要去瞭解孩子的說法，跟他們站在同一陣線。孩子考試只考三十分，這時候你不要破口大罵，而是先跟孩子聊一聊，聽聽他們的自我分析，瞭解考題的內容是什麼。再來要稱讚孩子的努力，體諒他們已經盡力了，並且一起思考改善的方案。

不懂得體恤對方，只會擺出高高在上的態度罵人，這種人只會惹人厭。

重點是體諒孩子的說法，成為他們的好夥伴。沒有經過這個過程而直接對孩子說教，他們根本聽不進去。換言之，你要站在同樣的角度跟孩子對話，他們才會聽進你的叮嚀。如此一來，孩子才能從失敗中學到教訓，慢慢成長獨立。

教育聚焦

3 多刺激孩子的好奇心

不要制止小孩問問題

孩子大約長到三歲，會進入「好奇寶寶」的時期，開始問一大堆問題。看到孩子充滿朝氣和好奇心，當父母的自然樂意回答他們的問題，但情緒緊繃或繁忙的時候，我們難免會懶得回答孩子沒完沒了的疑問。

像是媽媽正忙著做家事，小孩問媽媽為什麼天空是藍色的？之後又問為什麼太陽不是紅色的？媽媽回答只有繪本裡的太陽才是紅的後，孩子又問，為什麼只有繪本裡的太陽是紅色的？這些接連不斷的問題，就跟拳擊比賽中的肝臟攻擊一樣有效，就算媽媽有心回答問題，也會被孩子輕易問倒。

於是，有些媽媽會直接火大罵人，叫孩子滾一邊涼快去，或是叫小孩不要問那麼多，卻間接破壞了他們的好奇心。這種負面經驗會讓孩子擔心問問題會被父母討厭，不要問比較好，因此失去了求知的欲望。

其實「好奇心」是孩子成長的一大關鍵。小孩一旦失去好奇心，你送他去補習班或才藝班也學不到東西。**失去好奇心的孩子，會覺得學習是很痛苦的事，父母還要送小孩去受苦，對雙方來說既浪費時間，也浪費金錢。**所以，父母千萬要好好守護孩子的好奇心。

反問孩子為什麼

然而，孩子問什麼都要好好回答的話，那該做的事通通都不用做了。父母思考答案也是要動腦的，萬一煮菜的時候不專心，熱湯不小心燙到小朋友，那問題可就嚴重了。

我有個小技巧可以分享給大家，各位在孩子發問的時候，**不妨反問他們：「你**

覺得為什麼？」這一招在你忙碌或情緒緊繃時特別好用，你就不用每一題都要思考。

「但這樣敷衍孩子很過意不去吧？這感覺像用問題搪塞問題。」

看似不妥當，可是這對孩子反而是一件好事。**把孩子的疑問丟回給他們，可以給他們思考的機會，讓孩子漸漸掌握獨立思考和推理答案的能力。**因此，女兒問我問題的時候，我多半都是用這種方式回應。我會聆聽女兒的想法，在有空的時候陪她一起思考。早上要出門沒空時，我會叫女兒先想好答案，等我下班回來再告訴我。如此一來，就不會破壞孩子的好奇心。等我回家，女兒再跟我說她想出來的答案，我也有空聆聽了。

養兒育女是一輩子的事，我們應該找出怎麼做對孩子比較好，同時減輕自己負擔的平衡法。

教育聚焦

4 專心聽孩子說話

不聽孩子說話，小心孩子不聽話

有時候我們下班一回到家，都還來不及喘口氣，孩子就跑過來聊個不停。看得出來孩子很認真表達意見，偏偏他們講話口齒不清，父母也不曉得該如何回應才好。雖然孩子很可愛，但父母被這樣糾纏下去也會累。你可能會忍不住叫小孩閉嘴，或是叫他們去旁邊玩；不然就是玩自己的手機，隨口敷衍小朋友。因為一時疲勞而忽略過自己的小孩，這樣的經驗想必很多人都有。

父母不聽孩子說話，得不到父母的認同與關愛，會導致孩子得出自己不重要的結論，久而久之就會變成一個不聽話的小孩。父母不聽孩子說話，孩子當然也不聽你說話。

常有父母抱怨孩子不乖，如果你希望孩子聽話，就應該先以身作則，否則就算你對孩子大發雷霆，孩子也不會因此變得聽話。換言之，**父母先不重視（不聽）孩子談話，孩子才不肯乖乖聽話。只會以生氣的姿態命令孩子聽話，這是在浪費時間。**

展現同理心，專心聽孩子說話

可是我們也不可能全部聽完孩子的話，那太強人所難了。父母也是人，有些事辦不到也很正常。事實上，溝通交流是每天都可以做的事情，父母應該先放輕鬆，思考如何去理解孩子就好。

你可以用一些簡短的詞句回應，來表達你的感同身受，比如「喔喔～」、「原來啊！」、「嗯嗯。」、「你好棒喔！」等等。重點是展現你有認真聆聽的態度，就算你工作或做家事再累，多少也說得出口吧。有時候你可能累到連回應都懶了，那麼不妨點點頭就好，偶爾看著孩子的眼睛微笑。

關鍵在於展現你體恤孩子的態度。

孩子看到父母有反應，就會有一種獲得認同的安心感。用這種方法體恤孩子，可以加深親子間的感情，父母也能更輕鬆地當一個傾聽者。

5 不要勉強自己當型男奶爸

假日在公園累垮的父親們

「型男奶爸」❼指的是積極參與育兒工作的爸爸，在日本現在這個概念越來越流行。

爸爸們平常從早工作到晚，下班回家還要幫忙做家事和帶小孩，連假日也要照顧小孩。媽媽確實很辛苦沒錯，但爸爸也沒好到哪裡去。最好的證據就是，你假日時去公園走一趟，會看到很多父親在公園打盹，連陪小孩玩耍的體力都沒有，也有人放小孩自己玩耍，自己在旁邊看書、玩手機、聽音樂等等。看得出來他們正想盡辦法偷出一點時間，做自己喜歡的事情。

陪孩子到公園玩，結果自己一個人睡覺玩手機，這種行為在旁人看來並不值得稱道。不過，**這也代表那些爸爸們，平時根本沒時間做自己喜歡的事情，所以連陪小孩的時間都要拿來偷閒**。

其實，沒必要強迫自己陪小孩玩耍。有的父親並不擅長陪小孩玩，我個人就是如此。看到別人家的父子開心玩在一起，老實說我非常羨慕。我曾經努力陪孩子玩耍，可惜一直做不好。做為一個父親這實在太汗顏了，我甚至開始厭惡自己。但是，**勉強自己當個型男奶爸也是在浪費時間**。

試著跟孩子分享你的興趣

普遍認為，為人父母再怎麼不擅長陪孩子玩，也應該努力一試才對。可是，如

---

❼ 原文為イクメン（Ikumen），是日文「育」的讀音，加上「男人」的外來語讀音而構成的字。此單字與帥哥（イケメン）長的很像，也有著「照顧小孩的男人很帥」的含意。「型男奶爸」的形象有別於一般傳統父親，近年在日本逐漸流行起來，鼓勵男性跟妻子一起分擔育兒責任。

果父母在陪玩的過程中表現出疲憊或無趣的態度，孩子可能會認為大人很嚴肅，跟大人玩一點也不有趣。

你可以帶孩子走入你的世界，而不是勉強自己當個型男奶爸。也就是說，**你要跟孩子分享你的興趣，分享你喜歡做的事情。**

我開始舉辦攝影展以後，就會帶孩子一起出門拍照，這比我獨自出門拍照還要有趣好幾倍。我有時間做自己喜歡的事情，又能陪孩子一起玩耍，可謂一舉兩得的好方法。可能有些人的興趣比較冷門，好比蒐集神社的御朱印❽等，孩子不見得會喜歡。我們並不清楚孩子是否對此感興趣，但你可以安排成一趟「收集御朱印的親子之旅」，在旅遊或兜風時趁機安排相關的景點，讓孩子參與你的興趣。

跟孩子分享你的興趣或你喜歡做的事一段時間後，你就能找出自己和孩子都玩得開心的方法。和你玩得開心，孩子心中才能建立起對幸福的想像，同時也拓展了自己的見識。

教育聚焦

6 失約不要找藉口

你有沒有遵守親子間的約定？

平常我們都教孩子要守信用，偏偏有時候工作繁忙，沒辦法百分之百遵守親子之間的約定，這對父母來說，面子很掛不住。於是，有的父母會用各種藉口敷衍小孩，甚至乾脆打破約定，責怪孩子表現不好，所以不帶他出去玩，或說改天再帶他出去玩等等。久而久之，孩子會認為父母不守信用，每次都只會找藉口，根本不值得信賴。

---

❽ 指日本神社及佛寺授予的參拜證明。

更重要的是，父母這麼做等於是在告訴他們：不守信用也沒關係，只要找個藉口矇混過關就好。如此一來，孩子也會輕易打破約定，畢竟小孩會模仿父母的行為舉止，以後要重拾信賴關係就更加困難了。

如果父母守信用，或是在打破承諾時誠心道歉，就不會失去孩子的信賴，更不用浪費大把時間重拾信賴。

看著孩子的眼睛真誠道歉

或者，有些父母在無法遵守約定時，很難老老實實的道歉。不過，**當你知道自己錯了，更應該展現出誠懇的態度道歉，這有助於強化親子間的關係。**你答應孩子假日要帶他去遊樂園，無奈臨時要去公司加班。這時候你要看著孩子的眼睛，誠心地跟他道歉，孩子對你的看法將會改觀。

另外，你要提出補償的措施，否則孩子會以為「打破約定的話道歉就行了，不用付出任何代價」。因此，父母無法遵守約定時，要提出替代的補償方案，例如下禮拜天再去遊樂園，或是晚上去外面吃好料的等等。這樣孩子才會明白「信守承諾」的重要，親子間也能真誠相對。

教育聚焦

7 不要「過度」期待孩子

孩子會回應父母的期待

父母常常會把自己無法實現的夢想，寄託在孩子身上，好比自己當不成運動員或歌星，就期待孩子替他們圓夢。

小朋友都想獲得父母的讚賞，他們會努力回應父母的期待。不過，孩子漸漸長大後，會開始明白自己適合什麼、喜歡什麼。這時候孩子會覺得，被迫達成父母的期待是一種沉重的負擔，親子間會不知不覺出現代溝。

當然，有些孩子並不覺得沉重，甚至還樂在其中。不過，那就像大人一時跟風去學才藝一樣，並不是孩子真正想做的事情。換句話說，**孩子誤以為父母的夢想就**

是自己的夢想。

父母也以為孩子願意替自己圓夢，內心的期待不斷膨脹，明明孩子都說想放棄了，卻還叫他們再加把勁，久而久之，親子關係就這樣被破壞殆盡。

強迫孩子去做不喜歡的事情，他們早晚也會放棄。只是在他們年紀小的時候，除了遵從父母以外沒有其他選擇。換個角度來看，這是剝奪孩子在其他領域發光發熱的機會。**父母把自己的夢想強加在孩子身上，純粹是在浪費時間**，各位千萬不要這樣做。

期待和強加期待是不一樣的

我不是說父母不能對孩子抱有期待，沒有人不對孩子抱有期待的。可是，不要把你的期待強加在孩子身上，這完全是兩回事。

期待是父母關愛的證明，你對孩子完全不抱期待，孩子便會妄自菲薄、自甘墮落。但過剩的期待也是一種壓力。

再一次期待「自己的夢想」

要避免這種情況，請把你的期待轉移到自己身上，不要強加給孩子。

也許你的夢想還有機會實現。儘管年紀大了不可能當上職業球手，就連二、三十歲的青壯年也很難達成。然而，你可以改參加馬拉松比賽，來感受類似的喜悅和成就感。如果你的夢想是成為名人，那不妨透過網路社群經營，或是當個 Youtuber 也行。

換句話說，**你要深入挖掘自己的夢想，仔細去推敲自己現在還有哪些可以做的事。**

父母的注意力不要全放孩子身上，孩子的壓力自然就會減輕。當你發現自己給孩子造成壓力了，請自己努力實現自己的夢想，不要把你的夢想強加在孩子身上。你努力圓夢的態度，對孩子來說就是最佳的模範。

教育聚焦

8 別把孩子當孩子

別跟孩子搶事情做

孩子到了讀幼稚園的階段，父母一方面認為應該讓他們學著照顧自己，但一方面又擔心孩子年紀小，索性連他們能做的事情都一起做了。類似的心態想必大家都有過。

對父母來說，「幫他們做」有時比「讓孩子做」更輕鬆。我有一個兩歲的女兒，我在趕時間的時候，她還是拖拖拉拉的換衣服和穿鞋子。請她幫忙整理東西，也整理得七零八落。每次遇到這種情況，我都會升起自己來反而比較輕鬆的想法。

不過，孩子年紀小是一回事，你不能一直把他們當成嬰兒，什麼事都替他們做

好，他們會把這一切認為是理所當然。

長久下來孩子會養成依賴性，沒辦法自立。長大後也同樣會依賴父母，找不到工作就回家啃老拿錢。父母都疼愛孩子，大人替小朋友做事也比較容易完成，你一直把他們當小朋友對待，長大後他們就會變成一個不懂得照顧自己的大人。

把孩子當成大人

有些人覺得這樣讓小孩很辛苦，連幼稚園都還沒上的孩子，父母也不太可能把他們當成一個大人對待。然而，孩子不可能永遠年幼，他們總有一天會長大，現在就是準備階段。**請先放下你的呵護之心，試著把孩子當成大人吧。**

孩子亂扔東西很危險，你要告訴孩子亂扔東西的危險性，並且要他們設身處地替別人的安全著想，而不是硬性規定他不能亂扔東西。也就是說，你必須清楚表達不能做某些事的理由，再好好跟他們溝通，孩子的想法你也要好好聆聽才行。如果有些語詞或道理小朋友還不能理解，你也要盡量說明得簡單易懂。

除此之外，你要尊重孩子是獨立的個體，不要用哄小朋友的方式跟他們說話。仔細聆聽孩子的意見和想法，用大人的方式跟他們溝通。

你用對待大人的方式對待孩子，孩子才會產生大人的自覺，把自己該做的事情做好。不要把孩子當成小朋友，他們才會真正獨立成長。

教育聚焦

9 不要浪費新手父母時代

整天工作會錯失孩子的成長

許多父母每天忙於工作，一大清早就要出門，回到家孩子都睡著了，只有週末才看得到孩子。我在創業的前三年，過的也是這種生活。我之所以創業，純粹是不想當個永遠都要加班的上班族，然而實際創業以後，我又犧牲陪伴家人的時間，拼命賺錢養家。等我事業開始上軌道，終於有空陪大女兒去公園玩時，已經是她三歲的時候了。

我在本書的〈前言〉中也有提到，大女兒一到公園，就說著她跟媽媽玩的各種回憶。那些回憶當中，沒有我這個爸爸的存在——這時候我才終於醒悟，我為了工作犧牲陪伴家人的時間，連女兒的成長都錯過了。

為人父母不該整天忙於工作，因為你將錯過孩子純真的面貌。孩子只有在很小的時候，才會追著父母跑。每個小朋友的狀況或許不太一樣，但最晚頂多也只到小學低年級而已。這麼一想，就能發現親子相處的時間真的不多。你要是明白這個道理，就算孩子在你面前大吵大鬧，你也會覺得他們看起來好可愛，甚至會感慨這些片刻很快就會成為往事雲煙了。

換句話說，**在你擔任新手父母的重要時代，每天埋首工作，是白白浪費這段寶貴時光**。

錯過的時光無法倒轉

我很清楚現代人工作有多忙，不工作全家人都沒飯吃，養家活口確實很重要。因此這個問題你必須想辦法解決，本書介紹了許多節省時間的方法，都能幫助你盡可能空出陪伴孩子的時間。

大部份的工作都有挽回的機會，親子相處的時間一旦錯過就回不來了。

現在我家的大女兒和小女兒，分別是七歲和兩歲。我不可能在五年以後，才回過頭來關心這個年齡的女兒。因此，就算我忙到沒時間陪女兒玩，我也會陪她們一起吃飯、洗澡、看電視、刷牙，盡可能安排與她們相處的時間。

如此一來，你才不會後悔自己錯過孩子的成長，而且也會能重新看待忙碌的育兒生活。畢竟這種忙碌的生活，就是你身為新手父母，僅有一次的寶貴時代。

教育聚焦

10 給孩子空白的行事曆

分分秒秒都在學才藝

父母都希望好好栽培小孩，因此很多家庭都讓孩子學才藝。這時代的小孩子生活比以前緊湊多了，一個人可能要學好幾項才藝，幾乎每分每秒都有事情要做。時代已經跟我們小時候不一樣了，如今小學的必修科目多了英語，二〇二〇年開始還要學程式設計，加上每個家庭對孩子的教育方針都不一樣，要學的東西只會越來越多。

但我認為，大人不該讓小孩忙著學才藝。忙碌會讓人失去閒情逸致，沒有閒情逸致，孩子就沒有時間和心力去關注新的事物。他們只會做好每天該做的事情，就像大人每天忙著工作、帶小孩，也根本沒時間做自己喜歡的事情。

更何況大人多少還能控制自己的時間，孩子卻無法反抗父母的安排。如果父母逼他們撐下去，他們再累也只能乖乖照辦。這樣一來，孩子會不自覺養成「叫一下才動一下」的個性。

父母總是代替孩子思考的話，孩子是不可能養成思考能力的。例如孩子正在安排時間規劃，父母卻幫他們報名好補習班，補完還要上游泳課，甚至連去補習班和上游泳課該準備的用品，也幫他們準備好，一點也不讓他們有思考的機會。

學習才藝的用意，是要發掘和培養孩子的能力。**把學習本身當成目的，剝奪孩子從容思考的時間，不讓他們有自主行動的機會，這是本末倒置的行為，也是浪費時間。**

沒興趣的才藝就別學了

孩子不想學的才藝就別逼他們學，強迫孩子去學沒興趣的東西，只是在製造他們的痛苦罷了。孩子不感興趣的事，你也不可能激發他們的才能。

只不過，**當孩子說不想學才藝的時候，父母要分清楚他們是一時失去幹勁，還是根本就對那項才藝沒興趣**。我總是告訴女兒，做自己喜歡的事就好，不必勉強自己去做討厭的事。如此一來，孩子才會有自己做決定的自覺，懂得思考自己要做什麼。賦予孩子思考和挑戰的空間，也是父母的職責。

教育聚焦

11 學習不見得只能在學校

萬一孩子不想上學怎麼辦？

孩子一旦到了就學年齡，父母開始換擔心孩子上學後的可能問題，擔心孩子課業跟不上、跟同學沒法好好相處、不肯乖乖聽老師的話等等。孩子能否適應校園生活，是父母最擔心的問題之一。

「萬一孩子突然說不想去上學怎麼辦？」

大部份人一定會叫孩子乖乖上學，我們小時候就是這樣被教育的。可是逼一個不想上學的孩子去上學，是很痛苦的過程。孩子不想上學的理由不一而足，可能是討厭念書，也可能是人際關係不順，或是不曉得上學有何意義等等。

唯獨可以肯定的是，上學對他們來說是件痛苦的事情，你還強迫孩子去學校念書，形同是逼他去學校受苦。久而久之，孩子會認為跟你溝通也沒用，而且又不知道該找誰商量，在學校和家裡都沒有安身的地方。每年因為這樣自殺的孩子，就超過兩百人以上。所以，父母千萬別逼孩子去上學。

學習不見得要去學校

「但是不去學校課業可能會跟不上吧？」

其實你可以找有個別指導服務的補習班，或是請家教來幫孩子上課。出社會以後會用到的東西，在學校以外的地方也學得到。各位不妨用「校外」、「學習」這幾個關鍵字，稍微搜尋一下，你會很驚訝地發現，除了學校以外還有很多學習設施和自學團體。

孩子不想去上學的話，就給他們有別於學校的學習場所和環境。如果孩子厭倦學校的人際關係，大概也不會想立刻到新的環境學習。換成是我的話，會希望暫時遠離人際關係的紛擾。

重要的是，你要告訴孩子，學校不是唯一的選擇。小孩子的世界是很狹隘的，幾乎只在學校和家庭兩點一線來回。讓孩子知道有其他世界，等於是給他們一個良性的逃生口，避免他們因為去學校而受傷。當然，做父母的總會擔心，畢竟孩子是在走我們沒走過的路，但不能因為你擔心，就硬逼孩子去學校念書，強迫孩子接受你的世界，這種教育方式不是為小孩子好。

父母該做的是提供選項，至於要怎麼決定全看他們。父母只需要接受孩子所選，以關愛之情守望他們就好。

後記

「喜歡的食物先吃掉」是我一向謹守的原則。把喜歡的甜點留到最後，到那時你可能已經吃不下了，或是錯過了最後的點餐時間。最想吃的東西反而沒吃到，是很遺憾的事情。

同樣的道理也適用在日常生活上。不馬上去做自己想做的事，你很有可能再也沒機會做。因為大部份的時間，我們都是用來做「該做的事」，而不是做「想做的事」。**我們反而常常把「想做的事」放到最後再做**。

不做自己想做的事，日子一樣有辦法過下去。可是，該做的事沒做好，日子肯定過不下去，因此，多數人會優先去做「該做的事」，畢竟誰都不希望生活出問題。

但是我想告訴大家，優先去做「想做的事」也沒關係。

好比寫作這本書，對我來說就是「想做的事」。為了生活著想，我應該專注在不動產事業上。不過，我曾經過得十分匆忙，後來才磨練出一身省時的本事。我從中領悟到，省時就能獲得自由，我想將我的經驗分享給大家，所以才撰寫這本書。

「優先做自己想做的事，日子豈不是過不下去？」

其實不然，用最少的時間做好該做的事，你就能看清每一件事的輕重緩急，成功節省「不必要的時間消耗」，也不會破壞原本的生活。

當你優先去做「想做的事」，你會發現有些「該做的事」，其實不做也無所謂。省下夠多「不必要的時間消耗」，就可以有時間處理「想做的事」了。

最後，我要感謝日本實業出版社，給我出版這本書的機會。我還要感謝《日常》（*ORDINARY*）雜誌總編深井次郎先生，是他鼓勵我出版這本書。當然，我也衷心感謝我的妻子和女兒，她們一直在背後默默地支持我。

拿起這本書的各位讀者，我也由衷感謝你們。

於二〇一九年六月吉日

若杉彰

HEART
心|視野　心視野系列 072

聚焦時間管理法

只做最重要的事，活出最佳人生節奏

最適な「人生のペース」が見つかる 捨てる時間術

作　　者　若杉彰
譯　　者　葉廷昭
總 編 輯　何玉美
責任編輯　洪尚鈴
封面設計　張天薪
內頁排版　JGD

出版發行　采實文化事業股份有限公司
行銷企劃　陳佩宜・黃于庭・馮羿勳・蔡雨庭
業務發行　張世明・林踏欣・林坤蓉・王貞玉・張惠屏
國際版權　王俐雯・林冠妤
印務採購　曾玉霞
會計行政　王雅蕙・李韶婉・簡佩鈺
法律顧問　第一國際法律事務所　余淑杏律師
電子信箱　acme@acmebook.com.tw
采實官網　www.acmebook.com.tw
采實臉書　www.facebook.com/acmebook01

I S B N　978-986-507-201-8
定　　價　320 元
初版一刷　2020 年 11 月
劃撥帳號　50148859
劃撥戶名　采實文化事業股份有限公司
104 台北市中山區南京東路二段 95 號 9 樓
電話：(02)2511-9798　傳真：(02)2571-3298

國家圖書館出版品預行編目資料

聚焦時間管理法：只做最重要的事，活出最佳人生節奏 / 若杉彰著；葉廷昭譯 . -- 初版 . -- 臺北市 : 采實文化 , 2020.11
224 面 ; 14.8x21 公分 . --(心視野系列 ; 72)
譯自：最適な「人生のペース」が見つかる 捨てる時間術

ISBN 978-986-507-201-8(平裝)

1. 時間管理 2. 生活指導

177.2　　109013746

采實出版集團
ACME PUBLISHING GROUP

HEART
心|視野

HEART

心|視野

HEART

心|視野